张笑恒 著

业务之神的忠告

YEWU ZHI SHEN DE ZHONGGAO

北方妇女儿童出版社

长春

图书在版编目（CIP）数据

业务之神的忠告 / 张笑恒著. —— 长春 ：北方妇女
儿童出版社，2015.11

ISBN 978-7-5385-8259-8

Ⅰ．①业… Ⅱ．①张… Ⅲ．①销售－方法 Ⅳ.
①F713.3

中国版本图书馆CIP数据核字(2015)第175596号

出 版 人	刘　刚	
出版统筹	师晓晖	
策　　划	慢半拍·马百岗	
责任编辑	张晓峰　苏丽萍	
封面设计	红杉林	
开　　本	710mm×1000mm　　1/16	
印　　张	17.5	
字　　数	224千字	
印　　刷	北京盛华达印刷有限公司	
版　　次	2015年11月第1版	
印　　次	2015年11月第1次印刷	
出　　版	北方妇女儿童出版社	
发　　行	北方妇女儿童出版社	
地　　址	长春市人民大街4646号	
	邮　编：130021	
电　　话	编辑部：0431-86037512	
	发行科：0431-85640624	
定　　价	42.00元	

序

罗伯特·伍德鲁夫，卡车业务员，可乐不是他发明的，但他把可乐变成了全球饮料；雷克雷克，搅拌器业务员，汉堡不是他发明的，但他把汉堡卖到了全世界；托马斯·沃森，缝纫机业务员，计算机不是他发明的，但他是 IBM 的创始人。世界500强企业的首席执行官有45％是业务员出身。如果你深入研究过世界500强企业首席执行官的出身，你会发现他们当中的很大一部分人都是做销售出身的。如果你下定决心要在销售行业拼出一片天地，又不想走太多弯路，那么就来听听业务高手的话吧。

业务高手告诉你，一定要选对公司、跟对上司。因为"唯有在杰出的企业，你才能最快地学习到最优秀、最成功的销售技巧。只有在可口可乐，你才能深刻地感悟到什么是生动化陈列；只有在宝洁，你才能深刻地感悟到什么是严密的逻辑思维；只有在欧莱雅，你才能深刻地感悟到什么是真正地运作一个品牌"。

企业间的差距不仅仅是知名度的问题，杰出的企业有完善的管理制度、严格的销售理念、优秀的销售平台、完善的福利保障制度、优秀的人力资源……当然，很多时候，杰出的企业并不见得能为你提供最高的薪水，但是，在杰出的企业工作的这段经历将影响你至深，并将改变你的思维模式，给你的职业道路打上深刻的烙印，为你未来的职业生涯带来最大的方便。

选对公司很重要，选对老板更重要。对于业务员来说，进入"职场"的前三年，你基本上处在"培训"阶段。你要学习许多书本上学不到的知识，比如说与人沟通的技巧、说服的艺术、处理同事关系、洽谈项目、应对进退、临场反应。你会跟谁学这些东西呢？没错，你的第一个老板。进入社会三年后，你能够站在什么位置，绝对不是看你是从什么学校毕业的，也不是看你在哪家公司待过，而是看你有没有从你的老板身上学到有价值的东西，累积了什么实力。

业务高手告诉你，人脉不仅仅是钱脉，更是命脉，做销售更是如此。成功学大师卡耐基曾说："一个人的成功，只有15％是由于他的专业技术，而其余的85％则取决于人际关系。"如何积累人脉？被誉为"世界最伟大的销售员"的乔·吉拉德的建议是让客户介绍客户。他说："每一个客户背后都站着250个准客户。业务员必须认真对待你身边的每一个人，因为每个人的身后都有一个相对稳定的250个群体，抛弃了一个客户就相当于损失了250个准客户！"这就是著名的"250定律"。也可以效仿麦肯锡只坐头等舱的习惯，给自己创造认识优质人脉的机会。

业务高手也告诉你，好形象是打动客户的第一张名片。许多业务员为了赶业绩，往往不顾自己的形象，有的业务员见客户时头发蓬乱，满头大汗，一双皮鞋满是灰尘，伸出的手，指甲缝里塞满黑泥，白色衬衣的衣领、衣袖上的污渍黑得发亮；也有一些业务员包装过度，浑身上下，点缀得珠光宝气，令人目眩，化妆品使用过多，浓妆艳抹。其实这都是销售行业的大忌。

日本著名的销售大师原一平每次见客户之前都会在镜子前进行一番精心的打扮。他说："当你站在镜子前面，镜子会把映现的形象全部还原给你；当你站在准客户前面，准客户也会把映现的形象全部还给你。"如果你想从客户那里获得你想要的反应，那么你必须把自己的形象磨炼得无懈可击。

业务高手还告诉你懂点心理学，销售更容易。比如，想必业务员们一定听惯了客户嫌弃的话语："哎呀！你的东西看起来不怎样嘛！""你还有没有更好的东西？这件产品的瑕疵太多！""这件衣服做工粗糙，价钱还这么贵！"每当听到这样的话，不少销售新人都会打退堂鼓，心想客户对产品不满意当然不会购买，何必跟他浪费口舌呢！其实，这种想法大错特错，客户之所以"嫌弃"你的货物，正是因为他对你的产品产生了兴趣。客户有了兴趣，才会认真地加以思考，思考必然会提出更多的意见。此所谓"嫌货才是买货人"。

再比如，有研究发现，几乎人人都有"得不到的永远是最好的，吃不到嘴里的永远是最香的"的心理。很多业务员都有这样的经历，你越是苦口婆心地把某商品推荐给客户，客户就越容易拒绝；相反，业务员越是百般阻挠，不让客户购买，客户偏要买。遇上这类客户，你不妨反其道而行之，露出一点不卖的意思，以激发他购买的欲望！

销售新人刚刚入行，没有太多经验，没有太多的关系网，没有太多的老本吃，但只要多多地向业务高手取经，并肯吃苦，肯下功夫，就一定能不断提高自己的销售能力，最终也能历练成一个身手不凡的业务高手。

目 录 contents

第六章 业务之神的成交技巧：有时候，你需要拒绝客户

第七章 业务之神的社交策略：酒桌生意拼的不只是酒量

第一章

业务之神如何选团队：
一定要选对公司，跟对上司

1. 你选的公司决定你的职业命运

众所周知，在竞争激烈的职场中，名校出身的人更具优势。但是很少有人知道，名公司出身其实比名校出身更为重要。翻开那些成功的销售经理的履历，你会发现他们几乎都有在杰出企业的工作经历。

1985年，刚刚大学毕业的陈嘉良，像许多同学一样，也申请了一份工作环境好、前景不错的银行工作。接到银行的录用通知之后，他就留在学校里读书。这段时间，他无意间了解到联邦快递公司的一些信息，深为这家公司独特的文化和理念所吸引，萌生了加盟的愿望。于是他就抱着试试看的心理把简历投给了这家公司，竟然也被录用了。

联邦快递是世界上最为著名的运输公司，而银行工作既安逸又舒适。是去银行还是去联邦快递？陈嘉良一时陷入了两难的境地，最后他选择了联邦快递作为他的第一份工作。不仅是因为这家公司给了他很高的薪水，更重要的是他觉得这家公司的未来一定会是很有前景的，在这家公司工作，自己的发展空间会更大些。

刚开始，他在联邦快递公司做销售方面的工作，经过努力，三年后他被提升为销售部经理。此后的几年间，陈嘉良一直做着销售方面的管理工作，由于他工作表现出色，不断地得到提升。1998年9月，陈嘉良被任命为联邦快递公司中国业务副总裁兼总经理，成为该公司历史上第一位华人总经理。

有的业务员可能要问，杰出的企业究竟能给我带来什么呢？关于这点，有位著名销售经理做了很好的回答："唯有在杰出企业，你才能最快地学习到最优秀、最成功的销售技巧。只有在可口可乐，你才能深刻地感悟到什么是生动化陈列；只有在宝洁，你才能深刻地感悟到什么是严密的逻辑思维；只有在欧莱雅，你才能深刻地感悟到什么是真正地运作一个品牌。"

A公司和B公司同是经营化妆品的公司，但两家公司的业务员在进行产品推广时，却经常遭受到不同的待遇。

A公司的业务员只要一张口介绍自己，消费者马上就会给他白眼，而B公司的业务员在进行业务操作时，消费者不管买或不买，态度都很亲切。

A公司的业务员很纳闷，为什么消费者会这样对自己？经过长期的观察，他们终于找到了原因。原来他们公司的产品经常出现质量问题，甚至有冒牌货出现。给客户造成损失也不道歉，更不用说给客户一个合理的解释了。

而B公司的做法却恰恰相反，对公司产品进行严格的管理，不论出现什么情况都认为客户永远是正确的，对客户该赔就赔，对业务员赏罚分明。严格的销售制度使每个客户都放心地购买他们的产品。

企业间的差距不仅仅是知名度的问题，杰出的企业有完善的管理制度，严格的销售理念，优秀的销售平台，完善的福利保障制度，优秀的人力资源，长远的发展眼光。当然，很多时候，杰出企业并不见得能为你提供最高的薪水，但是，在杰出企业工作的这段经历将影响你至深，并将改变你的思维模式，给你的职业道路打上深刻的烙印，甚至为你未来的职业规划带来最大的方便。

杨帆和邵峰是同班同学，两人在学校时都表现优秀。从市场营销专业毕业后，两人分别进入了不同的单位工作。可是五年之后，两个人的命运却产生了差异：杨帆已经成为一个大型公司的骨干，是部门的销售主管，每月的收入在5万元以上。而邵峰还是一家小型公司的一般职员，收入每月只有4000元左右，正准备寻找机会跳槽。

为什么会产生如此大的差距呢？原来，两人在选择第一份工作时就走上了不同的道路。

当时两人在招聘市场上同时遇到了两家销售公司，一家是著名的电器销售公司，一家是私人房产销售公司。前者给出的月工资是2500元，后者的开价是3500元。邵峰选择了第二家，杨帆选择了第一家。

邵峰在私人房产销售公司做了两年，工资涨到了5000元，然而好景不长，这家小公司在一次激烈的市场竞争中破产了。当时正值一家网络公司高薪聘请网管，邵峰进去了。但是由于工作不顺心，不到一年的时间，他又换工作进入了一家小公司做办公室的文员，一直做到现在。

杨帆进入那家著名的电器销售公司之后，从最底层的业务员做起。

虽然每月工资仅有2500元，但是他勤学好问，很快掌握了销售技巧，不久就成了卖场一名不错的业务员，并且掌握了不少的客户资源。两年之后，他带着自己在上一家公司掌握的销售技巧和人脉资源跳槽到一家规模更大的电器连锁店做组长。又过了两年，他跳槽到一家世界知名电器销售公司做部门销售主管。

一般来说，大公司往往一个萝卜一个坑，一切都有秩序，有章可循，刚进入销售行业的新人很适合先到大企业去。毕竟，大公司先进的管理体系和企业文化能帮助你开阔视野，而且大企业的工作背景往往是一块金字招牌，它可以使你以后找工作的道路平坦许多。

说到这里，有的业务员可能要问了，是不是一定要进入大公司才好呢？其实公司的大小与它是否是一家优秀的企业并没有太大的关系。小企业只要具备长远的发展眼光，有朝一日也可能成为一家著名的大公司。

要根据自己的能力以及发展的不同阶段来选择公司。最好在选择公司的时候，先通过网络查询一下这个企业的资质，认真分析一下企业的发展前景和企业规划，有良好发展眼光的公司应该优先选择。

2. 别忽视你的第一位老板

很多销售新人在找第一份工作时，最喜欢问的问题就是：A公司与B公司之间，我到底该选择哪一个？其实，对于每一个刚进入"职场"的业务员来说，选对公司很重要，选对老板更重要。因为改变你命运的往往是你的第一位老板。

廖辉大学毕业后，在一家公司做业务员，每月只有2000元的工资。第一个月，他的销售业绩为全公司最差，即倒数第一名。为了改变现状，他决定学习如何做推销。

他知道，"跟对人很重要"。当时公司销售部门有两位经理，陈经理脾气暴躁，黄经理性格温和。廖辉知道，陈经理虽然客户资源丰富，但是做人太斤斤计较，喜欢把手下的功劳据为己有。而年轻的黄经理，虽然才进入公司不到三年，但是眼光独到，善于用人，与客户同事相处融洽。

当时公司新招进来的业务员分成了两派，一派在陈经理手下做事，另一派在黄经理手下做事。而廖辉却迟迟没有表明态度。一些同事开始对他指指点点。

廖辉最终硬着头皮加入了黄经理的阵营。黄经理对新员工很好，经常向他传授销售技巧。半年之后，廖辉的销售业绩成为全公司的第三名。一年之后，黄经理要跳槽去另一家销售公司做经理，问廖辉愿不愿意和自己一块离开。廖辉点了点头。两年之后，在黄经理的引领之下，廖辉成了一家著名零售企业的销售经理，月工资从刚入职时的2000元上升为8万元。

对于业务员来说，进入"职场"的前三年，你基本上处在"培训"阶段。除了书本上的"硬性"知识外，你还得学会更多、更重要的"软性"的技能，包括与人沟通的技巧、说服的艺术、处理同事关系、洽谈项目、应对进退、临场反应，等等，这些都是你从来没经历过的，也都是需要你花费好多年的学习才能真正上手的。那么你会跟谁学这些东西？没错，你的第一个老板。如果把社会比作学校，那你的第一个老板就是你的老师，他将会对你的价值观产生重要影响。

阎爱杰，中国白酒终端第一人。据说当年他的很多老部下跟随他空降郎酒集团。那些人后来获得了更多的发展机会，很多区域经理拿的薪水在快速消费品行业已经是天文数字了。

由此可见，跟对老板很重要。好的老板不仅能在公司内部给你很多的指导和鼓励，也能在思想行为上带给你好的影响。而当你的老板有了升迁机会时，你也会跟着沾光，在公司获得更高的级别。

销售行业充满竞争，进入社会三年后，你能够站在什么位置，绝对不是看你是从什么学校毕业的，也不是看你待过哪家公司，而是看你有没有从你的老板身上学到有价值的东西，累积了什么实力。这些都将会为你以后十年的发展奠定基础。

所以，你要慎选自己的第一个老板，因为他就是亲身示范给你看沟通技巧、管理方法、价值观、人生哲理的那盏明灯，他就是让你十年后能够淬炼成一把名剑的那位师傅。

那么，业务员要怎么选第一个老板呢？其实也非常简单，就是选那个让你欣赏、佩服，希望你自己有朝一日也能够变成他那样的那位老板。业务高手认为，如果你的老板能做到以下几点，你就可以大胆地追随他了。

（1）为人表率

众所周知，一个人的思想观、价值观决定着他的行为取向，公司也是一样。一个严于律己、善为表率的老板，才会让手下尽心做事情，才会让手下组成一个默契的能够实现目标的团队。

（2）善于用人

老板是一个配置资源的人，并不在乎亲自完成多少工作，老板只需要指出方向，然后利用各种人才，完成预定的目标。能够把各种人才综合起来并形成团队力量的老板，就是一位好老板。

（3）经验丰富

一个老板肯定知道自己在做什么，也知道怎么去做，只有这样的老板才是理想的老板。如果老板不知道自己在忙乎什么，下面的人就更不知道从何做起了。

（4）专业知识过硬

如果一位老板，他的专业知识过硬、管理理念正确、对你也很乐意指导，这是最美好的局面。你所要做的就是像一块海绵一样吸收各种知识，无论是专业知识还是为人处世的道理。现代的信息渠道非常发达，只要你有心，肯定能获得非常多的资讯。作为一个业务员，学会鉴别和判断是一项基本的技能。看得多了，也就清楚明白了。

（5）眼光高远

一个有着大战略思维的老板，不管在什么时候，他的目标都是唯一的。这样一个"着眼于现在，放眼于未来"的老板，肯定是所有人都希望投靠的老板。

（6）有魄力

一个强势的、有个性的老板，往往会赋予企业很强的战斗力。所以，在选择老板时，一定要选择强势的老板。你做得越多，强势老板给予你的授权就会越多。

很多业务员之所以没能成功，在很大程度上是因为没有选对老板。或者说根本没有弄清楚自己的老板到底是哪种类型。其实，一个老板就是一个优秀的人生导师，他会教你许多销售行业的知识和技巧，跟着这样的老板，你会受益匪浅的。

有的业务员会说，没有接触，我怎么知道他是不是好老板呢？这很好办，如果你想更确定，没问题，先去那家公司实习不就得了？如果你非常不幸，遇到一位专业知识不怎么样、管理理念也一般的差老板，不妨赶紧跳槽。

3. 和什么人在一起，你就会成为什么样的人

王永庆曾说过："一群羊给老虎带，统统变老虎，一群老虎给羊带，统统变羊。"对于业务员来说，一个强将能够挖掘出你的潜能，激发你的干劲儿，让你在正确的位置上发挥出自己聪明才干；而一个不称职的将领则会让你失去积极性，浑浑噩噩地过日子，像没有目标的苍蝇。

于小清曾在几家规模很大的公司里做业务员，两年下来，业绩和工资一直在低处徘徊，刚毕业那会儿的自信心眼看快要没了。

直到有一天，她参加了一家大型生活用品公司的面试。在面试中，一位漂亮的女士给她留下了非常深刻的印象，她优雅的风度、清晰的思路以及与众不同的理念让人很是痴迷。两周之后，于小清顺利地成了这家公司一员的时候，才知道那位女士就是同事们口中的蓝枫姐，她是公司上海销售部的经理，于小清这次就是给她做助理。

有一次，于小清和销售部几位业务员一起负责推出的产品由于某种问题引发了消费者的投诉。媒体对此事进行了大量报道，而且这种情况

愈演愈烈，一时间，公司的产品质量引起了众多经销商的质疑，即将举行的新产品推广也陷入了举步维艰的窘境。

在危机面前，蓝枫姐展示出一名成熟的销售经理的果敢和机智。她提出将原定于一个月后的新品发布会提前到一周以后。于小清有些担心："媒体要是在新品发布会上对产品质量风波提出负面的问题，我们该怎么办呢？"蓝枫姐笑着说："获得关注总是好事，尽管是消极关注，但只要我们主动出击，有备而来，把可能会扩大的危机尽量弱化，降低扩散性，并正确地引导媒体的舆论导向。"

在接下来的一周，于小清在蓝枫姐的指导下，做了大量的工作，和媒体紧密地接触，与投诉公司的消费者达成谅解与共识。有时候，事情太多，她情绪焦躁、想要放弃的时候，蓝枫姐总是微笑着拍拍她的肩，用坚定而又温柔的眼神鼓励她。经过一周艰辛的努力，公司形象得到了扭转。新产品在市场上更是借此东风，销售更是异乎寻常的顺利。从此之后，于小清对蓝枫姐的崇拜更是与日俱增，她相信自己可以从蓝枫姐身上学习到更多的东西。

一年后，在蓝枫姐的细心调教之下，于小清的销售业绩有了很大提升，成功地为公司签下了好几个上千万的大单子。后来有猎头公司向她"暗送秋波"。她想着：俗话说，强将手下无弱兵，要不是跟定蓝枫姐这位强将，自己在职场上也不会成长得这么快。于是为了更好地学习，她拒绝了这家公司伸来的橄榄枝，继续跟着蓝枫姐做销售。两年之后，蓝枫姐升任公司亚洲区销售总监，而于小清也成了公司上海销售部经理。

强将自有其道理，他的思维方式、为人处世的原则、性格等方方面面都会对下属产生深远的影响。而一个弱将，要么是有才无德，要么就是无才无德。这样的领导一旦有才，就喜欢王婆卖瓜、自卖自夸，比如夸耀自己如何地专业，作用是如何地巨大，下边的员工是如何地差劲。总之就是喜欢居功自傲，跟着这样的领导，你能学到什么呢？

我们常说"大树底下好乘凉"，其实强将就是一棵大树，紧跟这棵大树，即使你是一株小树苗，也会获得长足的进步。在大树底下的好处，首先就是少走弯路。强将本身就声名远扬，在他的带领下，你能很快获得晋升的机会。

微软中国区首席执行官陈永正先生，说自己主要的职场经历都是从贝尔开始的。贝尔是个很传统的公司，中国人做到经理一般要10年，而他在第4年的时候就升任了经理，很不容易。后来在一次对清华大学MBA班的演讲中，他提到自己快速晋升的原因：找到一棵"好大树"——贝尔的三个副总之一，他明白要成功靠单打独斗是不行的，投靠一个强将是不错的选择，因为强将会将你迅速带入一个不一样的圈子。

在大树底下的第二个好处，就是能够不断地吸收营养，快速成长。身在职场，有一棵好的"大树"，可以让人一年时间学到别人需要几年才能学习到的东西，可以让人成长得更快，而不仅仅是升职、加薪那样简单。

2014年10月27日，《福布斯财富榜》公布的中国新晋首富马云就是一位强将。1992年，马云第一次创业时，还是一个小蟹将，手下带领着十八个小虾米，艰难度日。为了维持海博翻译社的日常运营，他扛着麻袋去进货,卖过鲜花,也卖过礼品,但是他永不放弃,眼光独到。1999
年,他又开发阿里巴巴网站,历经十多年,一步步把公司做强、做大。
当年一路跟随他的十八个小虾米孙彤宇、金建杭、蔡崇信、彭蕾等,如
今也在他的影响下成了有名的十八罗汉,在阿里巴巴、淘宝网、支付宝
旗下起着中流砥柱的作用。

名师出高徒,强将手下无弱兵具有普遍意义。一个好的将领能够
用他的能力和魄力培养出一个优秀的兵,假以时日,这些兵也极有可
能成为强将,这也是为什么这些年来名企、名校出来的人更受社会追
捧的原因。

如果你想在销售行业寻找一片自由翱翔的青天,那么一定要记住:
投靠一个强将才是上上策。

4. 事必躬亲的老板不可跟

业务员经常会碰上这样一类老板:他们凡事喜欢亲力亲为,对待工
作十分卖力、认真,表面看来,这是一个值得追随的好老板。但是业务
高手认为,这种事必躬亲的老板一定不能跟。

为什么?我们先看下面的一个例子。

张钊在广州一家大型服装公司做销售,这本来是一个不错的发展起
点,可是他的老板偏偏是一个事必躬亲的家伙。销售部门的每件事情他
都要亲自过问,一旦产品出现了什么销售问题他也喜欢亲自解决,从不

让手下的人插手，结果搞得张钊很郁闷。

有一次，张钊去北京出差，为公司推销产品，跑遍了京城各大经销商处。三天之后，他回公司总部，满心欢喜地把自己拿到的签单交给老板，可是老板却说他办事不力，还得自己出面。于是老板又亲自乘飞机去了北京。后来，一遇上大客户，老板总是亲自接洽。每次只要张钊出现销售问题，老板就指责他没用心干，张钊有口难辩："明明是你自己不放手让我做！"

半年下来，张钊工作没什么业绩，原地踏步，还屡屡被老板埋怨，他痛苦极了。

事必躬亲的老板对员工不信任，凡事喜欢自己动手，时间久了，员工得不到发展，也找不到成就感。对于销售新人来说，刚进入职场，最希望能得到发展锻炼的机会。可是一旦你落在一个事必躬亲的老板手里，在很大程度上就会失去锻炼的机会。就算你升到不错的职位，如果老板不放心让你干，你也只是虚有其位而已。

当你的公司出现一个事必躬亲的老板时，不仅作为业务员的你得不到发展锻炼的机会，你所在的公司也有可能面临危机。公司是一个大集体，如果老板事必躬亲，那么员工就没有机会提升自己的能力。想想看，如果整个公司只有老板一个人出力，就算他真有三头六臂，能把大事小事都处理得完美无瑕，但是公司后继无人，终有一天还是会在市场竞争中败下阵来。一旦企业垮了，最终吃亏的还是业务员个人。

汤姆·李是美国一家生产健身用品公司的销售经理。他是一个精力充沛、热心助人的人。每天只要手下的业务员有了什么问题来请教他，他就会立刻放下手中的工作，热心地帮忙解决。渐渐地，下属们一旦在工作中遇到一些较为困难的问题，第一反应就是去找他。结果，汤姆·李每天忙于大小事务，忙得晕头转向，而手下却越来越懒，办事能力也大为下降。

有一年，健身器材市场竞争日趋激烈，公司遇到了前所未有的危机。汤姆·李希望公司员工能在这个时候站出来，为公司出一份力，帮助公司摆脱困境。可是公司里的员工由于长期依赖汤姆·李，早已丧失了独立自主的能力，遇到问题根本不知道从何下手，仍像以前一样，大事小事都去问汤姆·李。

很快，公司经营每况愈下，在不到三个月的时间里，走向了破产的边缘。直到这个时候，汤姆·李才意识到自己当初实在不该太过热心了，应该给予手下充分锻炼的机会，但是为时晚矣。

老板事必躬亲，是最主要同时也是最大的危害，将直接指向公司这个集体。事必躬亲的老板办事效率低下，会给公司造成许多不必要的损失。跟着他，你会损失很多的机会。

许美伦任职于一家大型化妆品公司。作为销售经理的她做事十分细致，公司每一个环节她都要过问。但是许多业务员对她很是不满。

有一次公司招聘两名业务员。面试有几个环节，先是招聘经理进行一轮面试，接着人力资源总监进行第二轮面试，最后许美伦进行第三轮面试。

许美伦的面试比所有人都仔细，她面试一个人通常在两个小时左右。但是由于她特别繁忙，应聘者等待一个面试往往要花费三周的时间，所以很多进入第二轮面试的应聘者往往要耐心等待她的通知。总之，等一个面试就已经将大家的热情都耗尽了，很多应聘者就在等待中离开了。

事实上，正常的面试流程完全不需要这么烦琐，人力资源部门只要有一个人参与面试就可以了。但是许美伦不放心，她认为只有自己亲自审查过的人才能进入公司。于是一场招聘面试，经过整整4个月的折腾，才最终定下了人选。而这期间，许多业务员由于没有助手帮忙，导致许多签单没能拿下，公司损失了两百多万的生意。

事必躬亲的老板不是一棵可靠的大树，因为除了以上的几点之外，他还会生病。这类老板大多严重精神焦虑，身心疲惫，身体严重虚弱，往往还伴有多种慢性疾病。一旦这位老板病倒了，"树倒猢狲散"，作为销售小职员的你，也只能卷铺盖走人了。当然，一个制度健全的公司不会因一个人的倒下而影响正常的运转。但是不可否认，在很多时候，老板也就是领导者，他的确能影响到全局的形势与公司的发展。

有些人可能会说，事必躬亲的老板多数都有很强的事业心，又敬业又吃苦耐劳。比如类似诸葛亮这样的领导，确实让人心生敬佩。但是大多数情况下，这类老板欠缺的不是精神和态度，而是做事的方法，跟着他们你只有像牛一样被牵着走的份儿，无法自主行动。

所以，如果你想获得更大的发展空间，还是将事必躬亲的老板排除在你的选择之外吧！不然轻则混混日子、没有发展，重则无所事事，下岗在即。

5. 独断专行的老板不能跟

我们经常听前辈说，一个强势的老板不仅会给整个公司带来荣耀，还会激励每一位员工获得快速的成长。但是当一个强势的老板走向另一个极端，即凡事独断专行之时，那么你就要小心了，因为他很有可能让你每一天都过得谨小慎微，万分痛苦。

1993 年，费迪南·皮埃切进入大众公司，担任总裁，成了该公司历史上著名的独裁者。

据说，费迪南·皮埃切为人骄傲、自负，习惯以铁腕的方式治理公司。上任不久，他就炒掉了二十多个不服从他领导的高级经理，其中包括两任奥迪公司总裁。紧接着，他直接掌管了公司的研究和开发部门、生产部门、采购部门和公司品牌部门，大权独揽。此后公司里再没有人敢对他提出不同的意见，也没有部门来监督他的行为。

一位员工这样说道："在大众公司，缺了皮埃切，什么决定也不能做。"一位和费迪南·皮埃切合作了多年的高级经理也愤怒地回应说："没有人会提批评性的建议，因为他们知道头儿准会不高兴。"后来只要有谁敢蔑视费迪南·皮埃切的权威，对他的观点和决定表示异议，他就会毫不留情地赶走他们。

有一天，费迪南·皮埃切在一次会议上提出了一个方案，表示要将基本汽车平台从16个降至4个。这项提议当场遭到了高级工程人员克里斯蒂安的反对，因为克里斯蒂安认为如果所有车都使用奥迪的豪华配件，成本将会大幅提高。独裁者皮埃切很生气，尖锐地回答道："我会记住你的名字的。"不过，由于克里斯蒂安年纪已足够大了，老板似乎不想过分为难他，两年后他如期退休。

1994年底，被费迪南·皮埃切的独断专行压迫多年的大众公司的经理们再也无法忍受了，他们共同起草了一份公开信，并将它递交了公司监督委员会主席里埃森。信中这样写道："亲爱的里埃森，这个公司正被控制在一个精神错乱的人手里。"最后皮埃切在众叛亲离之下，无奈地与他工作多年的大众公司挥手告别。

独断专行的老板有一个鲜明的特点，即他们以自我为中心的意识往往在嘴上就能表现出来，比如，你会经常听到以"我"字开头的话，"我提拔你……""我奖励你……""我罚你……""我解雇你……"等。他们对权力极为狂热，他们希望每一位下属都能对自己唯命是从，他们绝对不能容忍在自己的领土范围内有人超越自己或与自己平起平坐。

业务高手认为，独断专行的老板绝对不能跟，原因有以下几个方面：

（1）骄傲自负，听不进别人意见

这类老板认为只有自己的意见才是正确的，别人的话语、建议在他们的眼里只是一个陪衬，只是为了衬托出自己的英明伟大。如果你在销售行业遇到这样一位老板，那么很不幸，你的意见很有可能被他抛进海里，做好被他嘲笑的准备吧！

（2）严厉苛刻，跟着他如履薄冰，无法出人头地

如果你在一位专权独断的老板手下做销售，那么你每时每刻都会处在他的压制之下，就好像你的头顶上永远压着一座无法摆脱的泰山一样。

在这样的老板手下做事，你只能按照老板的指示行事，无法施展自己的才能。有时候就算你知道老板的命令是错误的，你也无能为力，因

为任何对抗老板的做法都是不明智的，你只能眼睁睁地看着事态向不好的方面发展下去。

所以说，如果你要想做出一点属于自己的成绩那真是难上加难！要想凭自己的本事在专权独断的老板手下出人头地，那更是难于上青天了！

（3）专权独断极有可能把公司带上不归路

懂得一点儿企业经营常识的业务员都知道，公司的前景命运往往都和老板紧密地联系在一起。老板决策正确，则公司正常运行发展；老板决策出现重大失误，则公司随之衰亡。

专权独断的老板喜欢把整个公司都掌握在自己的手中。在专权独断的老板手下，员工都习惯事事请示老板，没有老板的批准，没有老板的命令，谁都不敢有所动作。

但是就算老板再英明，他怎么能保证自己的决定永远正确、万无一失呢？一旦决策失误，很有可能把公司带上一条不归路。

所以，业务高手们常常说："跟对人有饭吃。"这话还是很有道理的，在一个专权独断的老板手下工作，很多时候你只能扮演一个工具的角色，永远在他的阴影下行动，即使你做出了成绩，也很有可能被老板据为己有。而且你还要时时刻刻忍受他的坏脾气，步步谨小慎微，天天小心郁闷地过日子，天长日久，你和老板的矛盾一定会越积越深，说不准哪天你们之间的战争就会爆发。由此看来，和一个专权独断的老板共事，实在可称作是"危险的游戏"。

6. 背靠大树好乘凉

"进大公司还是小公司？"很多刚步入社会的职场新人都会面临这个纠结的问题。那么究竟是大公司好还是小公司好呢？为了回答这个问题，我们不妨先看下面这个例子。

杨文和胡涛同时毕业于同一所大学，学的是同一个专业。毕业后两人都做了销售，不同的是，杨文在大公司上班，胡涛在小公司。

有一天，两位老同学碰上了，一番寒暄过后，就聊起了各自的工作。杨文对胡涛说："在公司上班，工作环境好，设备配备齐全，薪资高，福利好。但是有些地方也让我很头痛，比如，人际关系复杂，同事相处不是很融洽，和直属上司相处很呆板，谈的都是工作上的事情，工作也很单调，每天重复做同样的事情，没有什么激情。你呢？"

胡涛皱着眉头说道："大公司已经不错了，待遇好，工作环境也好。我那里就不太行了，不过，同事相处很融洽，和直属上司关系也不错。由于公司小，岗位设置不是很明确，大家都是兼做很多工作、每天做不同的工作，可以锻炼自己各个方面的能力。"

杨文说胡涛好，待遇低也无所谓，工作开心才是最重要的。胡涛说杨文好，工资高，人多见识广。

从杨文和胡涛的谈话中我们可以了解到，大公司、小公司各有各的长处和不足。那么究竟是去大公司好还是小公司好呢？业务高手认为，销售新手最好争取进入大公司，为什么？请看以下分析：

（1）工作环境、工资福利待遇好

大公司实力雄厚，工作环境好，为了留住人才，他们对人才提供的福利和待遇都很好，这是小公司没办法比的。

（2）资源丰富，能够开阔眼界

对于销售新手而言，职业生涯初期最重要的不是收入，而是工作经验。大公司的平台广阔、资源丰富，能够开阔你的眼界，扩大你的交际圈，帮助你积累更多的人脉资源，进而为你为日后事业的起飞打下扎实的基础和做好充分准备。不要小看这点，因为你5年之后挣多少钱、做什么职位，不是凭你有多大本领，而是凭你能调动多少资源——当然，从另一个角度来说，能调动多少资源也是能力的体现。

（3）企业管理更规范，拥有优秀的企业文化

对刚毕业的新人来说，在职业生涯初期，最重要的事情是学规矩、学做人、学做事，而这些恰恰是大公司能给的。

大公司有相对比较完善的制度，在大公司，你可能学到很多管理规则和方法，养成良好的职业习惯，在团队合作的氛围里，你可以学习沟通与协调等组织运作能力。而小公司体系还不完善，对人才的管理也不规范，而且公司有种很散漫的感觉，不利于新人的成长。

大公司拥有优秀的企业文化，这种文化往往是改变你职业生涯方向的重要观念、思维。你可以学习大公司的思维方式、办事风格和管理理念。

（4）愿意为新员工提供更多的培训时间

一般来说，大公司注重发展潜力，小公司注重实际技能。同时，小公司更注重效率和回报。小公司资金不足，运转困难，一般不会长时间地等待一个人的成长，所以喜欢招收有经验、能很快上手的人。它的试

用期一般较短。如果你在短时间里表现平平，很有可能被辞掉。而大公司实力雄厚，喜欢把你培养成为和他们风格一样的人，为此，他们愿意付出很多。在稍微大些的公司都有完整的培训体系，你会在培训中收获很多。

（5）大公司名声在外，本身就是一张名片

大公司的经历可以使自己镀金，因为毕竟还是有很多人和企业在不熟悉个人能力的情况下更认同在大公司工作过的人。在大公司待几年后，即使没有很好的发展机会，你跳到同行业规模稍小的公司时，大公司就可以成为你引以为傲的工作经历，人家都会把你当宝看待。因为你是"出身名门"嘛。

（6）竞争激烈，成长快

大公司精英汇聚，在这里你会与很多高手过招。他们会为你的成长提供有力的帮助。

在大公司你会经常遭受失败的磨砺。但是这也是大公司给你的最珍贵的礼物之一。作为一个职场新人，如果你在工作的前三年中感觉顺风顺水、一马平川，那你应该敲响警钟：这是不正常的。对于大多数人来讲，失败绝对是一笔财富，没有失败就没有进步。

作为销售新人，你经验不足，如果想获得更大的发展，不如去大公司吧，毕竟大公司相对宽容，允许犯错，可以等待你的成长，而小公司等不起你，你随时会走人。所以，不妨争取去大公司吧，多学些知识与沟通技巧，平台大，工作起来要方便得多。等你的能力提升起来后再做出其他的选择也不晚。

7. 选择积极乐观的老板

做销售跟定一个乐观的老板很重要。乐观的老板可以点燃你的工作热情，可以激发你的工作潜能，让你生出冲劲与乐观情绪，而一个牢骚满腹的老板则会令你愁眉不展。当你的老板是一个积极乐观的人时，你还怕看不到希望的曙光吗？

1998年年底，在北京外经贸部待得好好的马云突然宣布："我要回杭州了！"所有的人都很震惊，包括当初跟随他从杭州一起北上的团队。

他说，他要做一个全世界最大的商业网站。尽管大家有反对、有质疑，但是这支13人的团队没有任何人犹豫，全部跟着马云撤回杭州！

启程前，大家曾在长城上合影留念。后来有媒体公开了当年的合照，照片上大家的表情都很凝重，只有左下角的马云，戴着一顶张扬的帽子，两手悠闲地插着兜，扭着身子往远处眺望，他的眼中有孩子般的天真和憧憬，顺着他的视线，你似乎可以看到真实的美好……他是那张照片里的阳光。

创业之路要比想象中艰难得多。在杭州，十几个人挤在马云那位于杭州西部湖畔花园的一套150平方米的四居室里。这里本来是马云的新家，还未来得及住就被马云拿来为他的"造梦之旅"服务了。大家没日没夜地工作，屋子的地上有一个睡袋，谁累了就钻进去睡一会儿。那时，他们真是一无所有。

但是，马云说："光脚不怕穿鞋的。"后来在一次演讲中他描述了创业之初的这种狠劲儿："我们就是往前冲，一直往前冲。失败了还有这个团队，还有一拨人互相支撑着，你有什么可恐惧的？今天，要你一个人出去闯，你是有点慌。你这个年龄在杭州找份工作，一个月三四千块钱你拿得到，但你就不会有今天这种干劲、这种闯劲，三五年后，你还会再找新工作。我觉得黑暗中大家一起摸索，一起喊叫着往前冲，就什么都不慌了。十几个人手里拿着大刀，啊！啊！啊！向前冲，有什么好慌的，对不对？"

这种为梦想而疯狂与执着的精神是可怕的，它足以感染到身边的每一个人。十八罗汉之一的阿里巴巴副总裁戴珊这样说道："无论什么时候看到他，你在他眼中看到的都是自信和一定能赢的信心。你跟他在一起就充满了活力。"刘伟这样评价这个其貌不扬的矮个子男人："他在你绝望的时候能让你看到希望，能跟着走。"

如果现在你在浏览器中输入 www.haibofanyi.com（马云以英语老师的身份下海后，创立的第一家公司：海博翻译社），你会看到一句简单但又令人震撼的话：永不放弃！那是马云手写的。

阿里巴巴创始人马云认为，一个创业者身上最优秀的素质，是永远乐观。他发现悲观的人是不可能成功的，悲观的人是不能去创业的。阿里巴巴刚创立的前三年，一分钱都没赚，员工也很沮丧，他们甚至觉得阿里巴巴已经不像公司的样子了。但是马云始终保持着乐观的心态，他说："我们收到了很多小企业客户的感谢信，写着：阿里巴巴，因为你们，我们拿到了订单，招到了新的员工，扩大了公司规模。这让我觉得，假如今天我能帮10家小企业，将来就能帮100家，未来还有10万家在等着，这个市场一定存在。"。

乐观的老板从不怨天尤人，他们总是充满激情，以积极的人生态度看世界，管理企业。在乐观老板强大的精神感召下，即使一个精神涣散的员工也会变得积极而上进。当所有的员工上下联合，必定会产生一股持续不断的具有强大推动力的工作热情，进而将整个企业推向顶端。

稻盛和夫，日本京都陶瓷株式会社、日本第二电电株式会社创始人及名誉会长。在日本，他被称为"经营之神"，他的思想被日本企业界奉为经营圣典。他的乐观让员工记忆犹新。

2011年，已经退休的稻盛和夫出任破产的日本最大的航空公司——日本航空公司的董事长。在他的领导下，一年内，日航奇迹般的扭亏为盈。他为什么会有如此神奇的力量？看看他微笑乐观的神态你就懂了。

日本航空公司的老员工山口荣，回忆自己第一次见稻盛和夫的情景时，有说不出的感动："我在日航工作三十多年了。有一天，稻盛董事长从关西机场出发去参加一个夏威夷的典礼，乘日航的航班。我去关西机场为他送行，那是我第一次见到稻盛先生。那天正好日航宣布破产，当时我们的心情都很失落。他走过来同我们说：'让我们为了日航的员工一起努力，一起加油吧！'说完这话，他又和我们亲切地握手。握着他那双温暖的大手，我们觉得从黑暗当中看到了一线曙光，心情非常激动。"

当初杰克·韦尔奇刚刚担任 GE（美国著名的通用电气公司）的首席执行官时，公司面临很大的挑战，但是他乐观如初，他说："我从来不思考企业是否能生存，我只是思考企业如何不断变革。"这句话让员工很是难忘。之后，员工在这种乐观主义精神的感召下，共同创造了GE 的奇迹！

当一个领导者拥有了乐观开朗的心态时，就会给整个企业注入源源不断的活力，不久这种活力便会转化为强大的前进动力。

第二章

业务之神如何找资源：
有多大的资源，就有多大的业绩

1. "250"法则，客户背后的东西更重要

被誉为"世界最伟大的推销员"的乔·吉拉德曾说："每一个客户背后都站着250个准客户。业务员必须认真对待你身边的每一个人，因为每个人的身后都有一个相对稳定的250个群体，抛弃了一个客户就相当于损失了250个准客户！"这就是著名的"250定律"。

乔·吉拉德之所以将这一法则称为"250定律"，是有一定原因的。

据说，有一天，乔·吉拉德去参加一个朋友母亲的葬礼。

天主教举行葬礼仪式时，通常都会向现场的参加者分发印有死者名字和照片的卡片，乔·吉拉德以前就曾看到过好几次，但从未特别思考过其意义。而在当天，乔·吉拉德却产生了某种疑问，便询问葬仪社的职员："怎样决定印刷多少张这种卡片呢？"

对方回答说："这得靠经验。刚开始，必须将参加葬礼者的签名簿打开数一数才能决定，不多久，即可了解参加者的平均数约为250人。"

后来，有一次，一位服务于新教徒葬仪社的员工向乔·吉拉德买

车，待一切手续完成后，乔·吉拉德问他："每次参加葬礼的人平均约
是多少人？"

那位员工回答说："大概250人。"

又有一次，乔·吉拉德与妻子应邀参加一个结婚典礼，遇见那个婚
礼会场的经营者，问他一般被邀参加结婚仪式的客人人数，他如此回
答："新娘这边约是250人，新郎那边估计也是250人，这是个平均值。"

乔·吉拉德在做业务员的时候，每天都把"250定律"牢记在心，
他时刻控制着自己的情绪，不因顾客的刁难，或是不喜欢对方，或是自
己心绪不佳等而怠慢顾客。他说："你只要赶走一个顾客，就等于赶走
了潜在的250个顾客。"

试想，你今天认识了一个人，通过这个人你会认识他熟悉的250个
人，然后再通过这250个人中的每一个又认识另外的250个人……如此
循环，到最后你到底会认识多少人？恐怕你一时也计算不出来吧？

业务高手知道，每一个客户的背后都潜藏着巨大的人脉关系，所以
他们总是竭力为每一个客户提供优质的服务，进而让源源不断的人脉涌
入自己的手中。

从1978年开始，江苏小天鹅集团就长期领跑国内洗衣机销售业绩，
并一直保持全国同类产品销量第一的位置。它成功的重要原因之一就是
重视每一位客户，向他们提供完善的服务。小天鹅集团曾做过一次调
查，他们发现：服务好一个老客户可以影响25位潜在的消费者，这其
中有8人可以产生购买欲望，有欲望的8人中有1人会成为实际的购买
者。所以，服务好一个老客户，就会产生一个新客户，这中间还不断地

产生25个潜在的客户和8个准潜在客户，依次不断循环。

认识到人脉关系的重要性之后，小天鹅集团提出了"服务第一，销售第二"的口号，推出了著名的"12345"服务规范和服务承诺。在这种服务策略的引导下，小天鹅的道路越走越宽阔。

对于业务员来说，人脉是一种资源和资本，当你掌握并拥有丰厚的人脉资源的时候，你就朝成功迈近了一步。所以，如果你想成为一名优秀的业务员，不妨积极拓展你的人际关系吧！

然而，人脉关系的建立却不是那么容易的，很多业务员感慨最难的就是无法与自己的客户建立起稳定、牢固的合作，无法找到更多的客户资源。那么，如何经营自己的人脉关系网呢？

（1）重视你的老客户

一个强有力的老客户对业务员来说具有很大的帮助，他说的每一句话，都会对准客户产生很大影响。所以，业务员必须找到强有力的推荐人，只有这样的人才可能为你推荐更有质量的客户。

（2）为你的客户多花点时间

对于业务员来说，改善人际关系最好的方式就是"花时间"。因为每一个人都觉得当你愿意花时间跟他相处时，你认为他很重要。所以，不妨花时间跟你的客户相处，花一点时间送他一些小小的赠品，花时间写一张感谢卡给他，花一些时间给他打电话。

（3）把自己介绍给有影响力的人

想挖掘更多的潜在客户，必须认识一些在业界具有一定影响力的人，他们会对自己的事业有很大帮助。

所以，你不妨在自己的客户群中挖掘、寻找最有价值的人。然后把自己介绍给那些有影响力的中心类型的人。这些人有非常庞大而且颇具威望的影响范围。一般情况下，这种影响力中心类型的人在这一地区待了很长一段时间。等待你的机会，然后走上前向那个人介绍你自己，结交他们会让你收益颇丰。

（4）主动向身边人提供力所能及的帮助

人际关系都是要靠自己的努力得来的，在公司或者是朋友圈里面做个热心人，你为他人提供了一项帮助，那么你将来获得别人的帮助的可能性就越大。不管是大事小事，只要热心去做，就能有一份收获。

（5）遵循人与人的交往规则

人与人的交往通常都会遵循由近到远、由外到内的原则，通俗点讲，就是先接近与自己亲近的人，比如自己的同学、朋友、同事。然后再在这些人的引荐下，认识与之相关的人。这样，就可以一层一层扩大自己的交际圈，认识更多的人。所以你不妨先从自己身边的人开始，慢慢地积累，天长日久，你的人脉关系网就会越来越大。

2. "坐头等舱" 背后的意义

麦肯锡是美国最大的信封企业的老板，他说自己乘飞机只坐头等舱，有人问他为什么，他说："我在飞机上的头等舱认识一个客户，就可能给我带来一年的收益。"事实上，他的确在头等舱认识了很多名流，而且这些人给他带来了高昂的回报。

麦肯锡崇尚的机会对于业务员来说一样适用，在精英聚集的地方认识的自然都是精英了。一些成功人士解释自己成功的原因时说：我之所以获得了成功，是因为我站在了巨人的肩膀上。

华尔街有一个美国人吉森非常出名，因为他是一个名人控，结交名人的方法很多。有一次，我们把吉森请到培训课程中，让他介绍自己的经验。

他说："我每次乘飞机，都会选择头等舱。一是因为这是一个封闭的空间，不会有其他杂事或电话干扰，可以与他人好好地聊上一阵，利于我们去更好地展示自己。二是因为搭乘头等舱的都是一流人士，只要你愿意，大可主动积极地去认识他们。我通常都会主动地问对方：'可以跟您聊天吗？'由于在飞机上确实也没事可做，所以对方通常都不会拒绝。因此，我在飞机上认识了不少顶尖的人物。"

对于业务员来说，单打独斗的力量难免很弱小，而人脉关系会增加你的力量。当你拥有顶尖的点子加上顶尖的人脉的时候，就会创造巨大的财富。

著名培训师林伟贤说过，如果想认识中国500个杰出的企业家，最快捷、最有效的方式有两种，一是去参加财富论坛，二是加入高档会员俱乐部。其实就是要想办法和更多人产生更多的连接。

林伟贤搭乘飞机时，都坐头等舱或者公务舱。他说在那里结识商业伙伴的机会，远比在经济舱要多。

他以自己的一个学生的亲身经历，来表明选择客户的重要性。这位学生在还只是一个普通的保险业务员时，就十分注重选择客户。据这位学生透露，他最重要的一件事，就是每天跑去机场发名片。每次带200张，而且只在两个地方发：乘头等舱、公务舱的人办手续的柜台和团体手续柜台。

这些地方往往聚集着大量的潜在客户，而且很多人都是有钱人，也是最有效的目标客户。200张名片只要换回1/10，一年就能认识7200个客户，只要有10%的人对他的服务产生兴趣，他就能把72个人变成他的真正客户，每月就会多6笔成交订单。

每一个业务员都有一个属于自己的人际关系网。你有没有问过自己：我的人际关系网是怎样的？你有没有有意识地问自己：我想认识什么样的人？

许多销售新人并不会问自己这样一个问题，他们多是瞎猫碰死耗子，走到哪儿算哪儿。结果他们的人际网络总是混乱的，到关键时刻总是派不上用场。这就是没有用心布局、没有抓住机遇的结果。所以，如果你想让自己获得更多的人脉资源，那么千万不要忽视和错过任何机会。

被誉为"世界第一业务员"的乔·吉拉德在某地演讲时，台下的人热切地盼望他讲一讲自己成功的秘密，他们以为乔·吉拉德会讲出一些神圣或高深的理论，但他只是将自己的西装打开，从里面拿出了至少三千张名片放在现场。然后他说："各位，这就是我成为世界第一业务员的秘诀，演讲结束。"说完他就下场了。

　　这就是成为人脉赢家的制胜之术，抓住一切机会和别人交流"价值"，不要害怕对方拒绝，就像散发自己的名片一样。业务高手，总是能抓住一切机会，向他人传递价值，并让自己成为价值的中转站，从而促成交往的机会。

　　资深公共关系培训家——李维文曾讲述自己的故事。他说平时去加油站给自己的汽车加油，他都会客气而礼貌地送给加油工自己的名片，告诉他们自己在哪里，从事什么工作，并恳请对方留下他的联系方式。

　　在他的书房，至少储存了几百名加油工的电话号码——其中他还真的收到了他们的回应。有一次，他接到一位加油工在凌晨三点钟打来的电话，对方说，他的一位亲戚在华盛顿一家公司负责一个项目，他们遇到了公关方面的麻烦，问李维文能否出手相助。

　　"没问题！请告诉我他的电话，5个小时后我马上联系他！"李维文说。早晨8点，他就准时联系到了对方，简单了解情况之后，他迅速派人飞往华盛顿，和对方达成了合作协议。

　　人脉不只是钱脉，更是命脉！说到这里，你也许就明白了。你不一定非要专门坐头等舱，而且也不是每个人都有机会乘飞机。但是作为业务员，你一定要有坐头等舱的思维，即抓住每一个让你获得更多人脉资源的机会，从而让你的销售之路走得更为平坦。

3. 绝不放过潜在的新客户

乔·吉拉德认为，销售工作就像摩天轮，业务员让刚购买产品的客户从摩天轮下来，换成另一批尚未购买的人搭上去。等摩天轮转了一圈之后，这些客户决定购买你的产品，就让出座位，再由别人搭上摩天轮，如此周而复始。总之，业务员要不断开发有潜力的新客户。

王刚大学毕业后到一家电子厂做销售。上班的第一天，销售总监就给了王刚一份有两百多个客户的名单，他非常高兴。但是让他想不到的是，当他拨打电话给这些客户时，发现他们态度恶劣、非常难以应付。

一周以后，他和公司的一个叫邓星的业务员混熟了，邓星告诉他，这份名单上都是以前的业务员们不愿意要，或者做不下来放弃的客户。"虽然公司有一些渠道去获取新的客户信息，但好的客户资源会被销售经理优先分配给有经验的业务员，不会给新人。所以，你想使自己的业绩得到提升的话，就必须不断开发有潜力的新客户。"邓星笑着说道。

"怎样开发新客户呢？"王刚疑惑不解。

"其实，说简单也不简单，说难也不难。在没有客户的情况下，你可以通过各种渠道获得客户的联系方式，比如通过在网络、各种聚会散发名片的方式认识新客户。当你有了一定的客户之后，可以让你的老客户帮你介绍新客户。"

很多初入销售行业的新人，都会遇到王刚这样的情况，公司会把别人挑剩的，或者是一些老大难客户分配给你。这个时候，你就必须要做好自己开发新客户的准备了。

那么如何获得客户的联系方式？怎样找到有潜力的客户呢？

业务高手分享了以下几种方法：

（1）逐户寻访法

开发客户的前提是拥有客户资料，只有知道客户资料，并找到他们的联系方式，才有可能和他们取得联系。

业务员可以通过购买一些名录，获得客户的联系方式。现在很多公司做的客户名录不仅准确率很高，而且价钱也不贵。在网上采购这些名录不仅能节省大量时间成本，还能提高工作效率和业绩，何乐而不为呢？

网上的各种广告也是业务员获取客户信息的一种有效方式。业务员可以通过查阅报刊上或者网络上的产品广告或者招聘广告，来了解客户的业务范围，并找到客户的联系方式。

也可以利用在线查找客户资料的软件。某些软件，如搜客通，只需要输入你要查找的客户资料的关键词，就可在一分钟之内搜索出上万条信息，联系人、联系方式、公司地址、经营规模、主营产品等都能看到。

业务员之间互换客户资料。业务员手中的客户资料往往比你自己通过公开媒介找到的客户资料要准确得多。如果你能够和一批没有竞争关系的业务员建立友好的合作关系，就可以和他们互换客户资料，进而让自己迅速获得高质量的客户资料。

多参加行业展览会。在展览会上，业务员可以搜集一些客户资料。在这里你会结识这个行业中的很多人，和这些人保持联络，可以给你带来新的销售线索。另外，你的朋友、家人都可能成为你的信息来源。

（2）让老客户为你推荐新客户

当然，最重要的一点，也不能忽视，那就是让你的老客户为你推荐新客户。再伟大的业务员，一天所能开发的客户也有限，所以乔·吉拉德运用"猎犬计划"让老顾客帮助他寻找新顾客。

乔·吉拉德喜欢在寄给老客户的信里附上一叠自己的名片，上面注明了任何人每介绍一个新客户向他买车，他就会付给介绍人25美元的酬金，即使有人蓄意欺骗。"即使有人骗了我的25元美金，但我也毕竟还是赚了销售一辆汽车的佣金"。他微笑着说道。宁可错付，也不能少付任何一位介绍人的佣金是他的原则。

据说，乔·吉拉德总共支付了1.4万美元给"猎犬"们，也就是说经由介绍人牵线，他多做了560笔生意，通过这些老客户的介绍，他也赚进7.5万美元的佣金。可以说，如果没有"猎犬计划"，乔·吉拉德根本不可能有这些额外的生意。

需要注意的是，让老客户主动帮你介绍新客户也要讲究方法。

首先，你得知道你的要求是什么。当你请求对方推荐的时候，实际上你是在请求对方用他或者她的信誉担保你是一个值得别人注意的人。

其次，赢得信任很重要。在你第一次联系一位目标客户的时候就要求对方推荐，是浪费自己的时间。如果一个人还没有从你这里买过任何东西并且认为你值得注意的话，你就不会得到有效的推荐。

明确你需要的人是谁。与其请对方帮你寻找"某个需要我们服务的人"，还不如对推荐人说清楚哪种类型的人和公司最有可能需要你提供的东西。更好的做法是在头脑中有特定的目标。

感谢你的推荐人。当你的推荐人同意采取行动帮你推荐时，你要立即采取行动回报他。这不仅仅是表达感激，还会鼓励你的推荐人把你介绍给其他的目标客户！

其实，不管是新进入销售行业的销售新人，还是混迹职场多年的业务高手，都会面临着寻找新客户的难题，只要找对了方法，客户自然会源源不断地来到你的身边。

4. 互联网时代，做销售必须维护的几个"圈子"

很多业务员经常抱怨："产品卖不出去，销售渠道没建立，客户资源如何来？"其实，在互联网发展日益迅猛的今天，只要你拥有一台电脑、一部手机，足不出户就可以轻松地卖出东西。

业务高手认为，在互联网时代，做销售必须要维护好以下几个圈子：

（1）微信圈

随着移动互联网时代的到来，微信已经成了一块不可小觑的营销宝地。一个小小的微信公众账号就能为企业带来巨大的收益。关于"微信营销"，有一个典型的"车厘子"案例。

2014年5月18日，电商公司"五格货栈"在微信上预售车厘子（樱桃），短短半小时就卖了1000多份。

他们售卖的车厘子以"箱"为单位，规格为2斤，一箱车厘子售价179元。用户通过"五格货栈"的公众号即可下单购买，由顺丰在24小时内发出。在运送过程中，配备保温盒与密封袋来保证车厘子的新鲜。

"五格货栈"创始人潘定国这样评价"微信营销"，他说："一位买了我们车厘子的用户在朋友圈里发，后来了解他有800多个微信好友，如果50％好友看过这个内容，就有400多个好友听说了"五格货栈"；他说有20多个好友向他咨询，初步估计至少会给我们带来10个关注用户；我们以前统计的数据是一位老用户在朋友圈里晒单，平均可以带来3笔订单。没有花一分钱的广告，没有一个业务员，照样实现粉丝和销售额的持续增长！"

微信是一个具有很高的真实度和可信度的朋友社交关系圈。因此，业务员在做微信营销时，如果能够和用户形成朋友般的信任，再通过用户朋友圈的传播，就能够很好地宣传企业品牌。

（2）微博圈

这是一个碎片化信息时代，越来越多的潜在消费者喜欢在新浪微博、腾讯微博等新兴媒体上获取快捷信息。对于营销者而言，这正是抓住机遇的大好时机。

在微博营销上做得最为成功的，非"美丽说"莫属。

这家国内最大的女性快时尚电子商务平台，致力于为年轻、时尚、爱美的女性用户提供最流行的时尚购物体验，她拥有超过1亿的女性注册用户，用户年龄集中在18到35岁。

为了能够获得更多的拥护，"美丽说"致力于在新媒体平台微博上寻找尽量多的女性用户，然后牢牢地抓住她们的欲望需求。"美丽说"认为，要抓住这些年轻的女性用户，只需要两步：首先是产生正确的内容，然后是找到准确的受众。每天，她的官方微博账号都要发布20条有关潮流服饰搭配、最酷饰品、最流行妆容等内容的微薄，并运用各种女性关心的账号把这些内容高频次地传播出去。

经过10个月的微博推广活动，"美丽说"获得了700多万优质女性注册用户，并带来了200万官微粉丝增长的附加价值。

"美丽说"微博营销的成功之处在于它准确地锁定了受众人群，并了解了该人群的心理需求，从而将正确的内容有效地进行传播。

（3）QQ圈

在中国，QQ是注册用户最多的一类社交媒体，它拥有一批最为忠实的粉丝。很多人从小学到大学，甚至直到步入社会仍然习惯使用它。可以肯定的是，QQ的用户忠诚度远远高于其他任何社交媒体。很多营销者正是看准了这一点。

宋嘉利用QQ空间帮做茶叶生意的朋友做了一次营销推广案例。

他先申请了4个QQ号码，然后通过QQ群搜索找一些中年人相对聚集的群，例如，旅游群、汽车爱好群、70后群、高尔夫球兴趣群。接着用每个QQ号码都加了超过10个以上的群，基本上每个QQ号能加100多个好友，这样他就有400个左右的好友了。

加完了朋友，他开始编辑信息。先是在网上找来几篇与茶叶有关的优质文章，然后自己进行加工整理，将它变成一篇有阅读价值的美文，再加上一个非常有吸引力的标题。最后在文章的结尾以推荐的方式加上了朋友销售页面的链接，并配上几张令人赏心悦目的图片。

紧接着，宋嘉在其中一个QQ的空间发布了这篇文章，然后用其他的号码来转发，转发的时候，他特别细心地写下了自己的阅读感受。做完上述这些后，宋嘉就关掉电脑去休息了。

第二天早上，他查看了自己昨天写下的那篇茶叶日志，阅读量达6000次以上，分享转发量达到1000多次。他问朋友的销售页面的情况，对方说在一天左右的时间里共卖出了15盒茶叶，利润达到了2000元！

（4）专题论坛圈

如果让你去推广一款人们完全不熟悉的产品，通常选择什么样的推广方式比较好呢？也许你会说，电视广告，或者报纸软文。在下面的这个案例里，答案既不是电视也不是报纸，而是网络论坛！

安琪酵母股份有限公司，为了推广酵母粉这种人们完全陌生的食品，把眼光瞄准了专题论坛。

为了能够在社区论坛里制造话题，公司策划了《一个馒头引发的婆媳大战》事件，讲述了南方的媳妇和北方的婆婆由于馒头发生争执的故事，其中涉及到酵母的使用问题。这则帖子贴出来后，引发了网友的热议。

这时，公司派遣的专业人士趁机把话题的方向引到酵母的功能上去，比如酵母不仅能蒸馒头，还可以直接食用，甚至可以减肥。当时正值6月，正是减肥旺季，而减肥又是女人永远的关注点。于是，年轻的主妇们一下子记住了酵母的一个重要功效——减肥。

为了让帖子获得更多的关注，公司选择有权威的网站——新浪女性频道中关注度比较高的美容频道，把相关的帖子细化到减肥沙龙板块等。不久便引发了更多普通网民的关注。

除了以上提到的几种圈子，营销者还会经常用到淘宝圈、博客圈等。"微营销"时代下的圈子营销是一种很精准的营销工具，与传统的营销方式相比，它互动性更强、更为亲切，也更加快捷。

5. 兔子也吃窝边草

刚刚进入销售行业的新人们，经常自豪地说："我要依靠自己的力量，闯出属于我自己的天下。"这种独闯天下的思想确实勇气可嘉，但是做销售，毕竟靠的是人脉，单打独斗是不行的。

美国人际关系权威哈维·麦凯曾说："不要等到口渴才挖井，人脉必须平常就建立"。聪明的业务高手知道，在销售行业中，没有系统而广泛的人脉关系做铺垫，所有的工作成果只能是瞎猫遇到死耗子，祈祷上天一直眷顾你。为了能够减少"给客户电话，可是他总是以工作忙为借口推脱，最后干脆就不接我电话"这种情况的发生，必须要努力经营自己的人脉，而最为有效的方法便是从身边的人（亲人、朋友、同事，甚至陌生人）开始发展自己的人脉关系。

据说，当年比尔·盖茨创建微软的时候，之所以能从世界著名的苹果公司获得500万美元的大订单，一个重要的原因就在于她的母亲——苹果公司技术总监的大力推荐。

决定企业命运的那一刻，依靠的是什么？是积累起来的人脉关系。那些知名企业的老总们尚且如此，更何况是那些初出茅庐的业务员。

销售新人们想必很清楚，从小到大，一个人的人脉圈子，首先是从对身边亲人的挖掘和积累开始，然后再慢慢到老师、同学、朋友、老乡、同事，最后再突围到更大、更高端的圈子。其实，做销售也是这样，最熟悉的圈子往往也是最可靠的圈子。你要相信亲戚、老乡、同学、同事都可能成为你事业发展中的"贵人"。

孙安大学毕业已经快半年了，却一直没有找到合适的工作。就在他焦虑之际，一个电话打过来了。

"孙安，工作找得怎么样了？"打电话的人是孙安的大学同桌——魏明明，虽说是富家子弟，但是为人耿直，两人上大学时关系一直很好，没事儿就在网上闲聊近况。

听说孙安还没有找到工作，魏明明也急了。他是当地人，为人仗义，性格开朗，很多朋友都喜欢找他帮忙。他听说一家大型房产公司正在招聘业务员，薪水不错，就把孙安推荐过去了。

进入房产公司后，孙安刚开始卖不出房子，心中十分焦虑。魏明明知道后，就帮他介绍了好几个有钱的客户认识，一来二去，孙安竟然卖出了好几套房子。

对于业务员来说，同学之间虽然彼此的工作领域可能不同，但只要谈得来、生活态度积极，便可长期往来。对于那些大学期间与自己关系普通的同学，你可以主动加深与其交往的程度。你要明白，你身边的亲朋好友都有可能会成为你潜在的客户和帮手。所以，千万不要把这些宝贵的资源白白浪费掉。

除了身边的亲朋好友同事，还有一类"身边人"不能忽视，这就是你随时可能忽视的陌生人。当你到某一个地方时，经常会碰到这些人，他们存在于你的身边，转瞬即逝。如果你不能好好地把握他们，你就会损失一笔宝贵的财富。

乔·吉拉德喜欢分发名片。每次去餐厅吃饭，埋单之前，他总会在账单中夹上两张名片；在运动场上，他也会把名片大把大把地抛向空中。名片漫天飞舞，就像雪花一样，飘散在运动场的每一个角落。

他说："作为一个业务员，只有让更多的人知道你，你才能更快地成功。当越来越多的人看到你的名片后，用不了多久，在你面前便会有成堆的客户了。"

我们经常在一些商会活动中看到这样的情景：许多素不相识的人，在一起喝酒并且相互交换名片。其实这就是一种积累人脉的方法。那么具体来说，我们应当怎样从身边积累人脉关系呢？

（1）做个热心人

主动向身边人提供力所能及的帮助。你为他人提供了一项帮助，那在你的人脉关系库里就增加了一份资源，你帮助别人越多，你将来获得别人的帮助的可能性就越大。不管大事小事，只要热心去做，就能有一份收获。

（2）多去参加聚会

各种大大小小的聚会是积累人脉关系的场所；在这里每一个人都有可能成为帮助你的人。在聚会上，用心倾听别人的叙说；在他人的言语中获得对自己有用的信息，并用心记下来。聚会结束后，把在聚会上结识的人的名字写在本子上，并在每一个名字后面注上他能帮你什么。

（3）多向身边的人开口

许多人有这样的感觉：越是亲近的人，越是难以开口寻求帮助。以为开口多了，身边的人就会轻视他。认为这点小事都搞不定，是无能的表现。其实这只是误解。你身边的人往往是最乐于帮助你的人。你有一颗帮助人的心，身边的人就会为能帮上你的忙为快乐。

（4）学会感恩

有些人认为，这些都是我最亲的人，他们帮助我是天经地义。这个世界上没有人有义务帮助你，即使是你的父母和兄弟姐妹。对帮助你的人表示感谢，既能体现你是一个懂得人情世故的人，更能让帮助你的人得到心灵上的安慰。向身边的人多说些感恩的话，会让你生活在浓厚的亲情氛围中。

（5）学会分享

有些人认为：身边的人帮助我，是亲情的缘故，附带着利益就会变味的。其实不然，尤其是在别人的帮助之下，你获得了相应的报酬，就需要拿出一部分与身边的人分享。这样你的人脉关系网就会越来越广。

俗话说，多个朋友多条路，当你从身边人开始积累越来越多的人脉之时，你拥有的无形资产和财富也会越来越多。

6. 不怠慢周围的每一个人

每一个人都有可能成为自己推销成功的助推器，所以，要用心善待周围的每一个人。当你用心善待周围的每一个人的时候，你就会发现四周友善的目光将有助于你的成功。

"推销的目的是卖出产品，所以只需要关注目标用户即可。"这是很多业务员的看法。事实上，人脉关系的积累应该多多益善，而不应该仅仅把目光集中在所谓的目标客户身上。有时候，一个被排除在产品推销目标之外的普通人也有可能给你带来意想不到的收获。

一天，一位业务员去拜访一家公司的老总，结果吃了闭门羹，于是他只能沮丧地离开。当他刚走出这家公司的大门时下起了大雨，他只得站在公司大门前躲雨。

这时一位老头冒着雨吃力地拿着油布遮盖堆放在外边的原材料。这位业务员心想，这位老头一定是该公司的仓库保管员，这么大年纪了还在为生活奔波，便有点于心不忍。这样想着，他走过去冒雨帮助老头将堆放在外的原材料一一遮盖好。

老头见他浑身湿透，就热情地邀请他去自己家换件干衣服。于是他走进了老头的家，正当他与老头愉快闲聊时，一个让他颇感意外的人走了出来，正是该公司的老板。原来，这个老头竟然是老板的父亲。这位老板对他产生了好感，两人高兴地攀谈起来，不久，这位业务员顺利地把产品推销给了这位大客户。

很多业务员，在进行推销的过程中总是喜欢用外表来判断一个客户的实际购买能力，于是每当面对某些客户时，他们总是表现得漠不关心、满不在乎，甚至鄙夷讽刺。其实，这是一种非常不明智的行为，因为你怎么能保证那些看起来衣衫褴褛的客户不会购买你的产品呢？

一天，汤姆·霍普金斯正在房子里等待客户上门，没过多久，一辆破旧的车子缓缓地驶上了屋前的车道，一对年老遢遢的夫妇从车上下来，走了进来。汤姆·霍普金斯热情地向他们打招呼。这时他的同事杰尔冲他摇头，意思很明显："别在他们身上浪费时间，他们肯定买不起房子。"

汤姆·霍普金斯并不在意，继续用对待其他潜在买主的热情态度来对待这对夫妇。他的同事杰尔看在眼里，非常懊恼地走开了。汤姆·霍普金斯依旧置之不理，开始带着这对夫妇参观房子。

这栋房子的气派典雅让这对夫妇十分满意。尤其当他们在看完第四间浴室之后，更是对这栋房子产生了不一样的感情。那位先生感慨地说道："多年以来，我们一直梦想着能拥有一栋有好多间浴室的房子。"那位妻子注视着丈夫，眼眶中溢满了泪水。

参观完这栋房子之后，那位先生礼貌地向汤姆·霍普金斯询问道："我们夫妇俩是否可以私下地谈一下？"汤姆·霍普金斯真诚地回答说："当然。"然后走进了厨房，好让他们俩私下讨论一下。

几分钟之后，那位太太把汤姆·霍普金斯叫了进去。他看到一个苍白的笑容浮现在那位先生的脸上。只见他掏出了一大沓褶皱的钞票。最终这对老夫妇买下了房子。同事杰尔对此事唏嘘不已。

通过这次销售，汤姆·霍普金斯得到了受用终生的经验，那就是：业务员永远都不要歧视任何一名潜在客户。

在乔·吉拉德的营销生涯中，他也十分用心地善待每一个客户，即使他们看起来并不会购买自己的产品。

有一次，一位中年妇女想在福特车行买一款白色的福特车，可是业务员告诉她，自己有事没有时间招待她，希望她1小时后再来。

为了打发一下时间，这位妇女便想到处溜达一下，所以她走进了乔·吉拉德汽车销售店，

"欢迎您夫人。"乔·吉拉德热情地向她问候道。

"今天是我55岁的生日，想买一辆白色的福特汽车作为生日礼物送给自己。但对面福特车行的人有事，叫我1小时后再过去，所以我就先到你们这里来看看了。"这位妇女兴奋地告诉他。

"夫人，祝您生日快乐！"乔·吉拉德热情地祝贺道，并在助手耳边叮嘱了几句。随后他热情地和这位夫人交谈，并陪她在车行里观赏。不一会儿，他们来到一辆白色雪佛兰车前。

"夫人，您对白色情有独钟，瞧这辆双门式轿车，也是白色的。"乔·吉拉德说道。

就在这时，助手送来了一束玫瑰花交给了乔·吉拉德。乔·吉拉德把这束漂亮的花送给了那位夫人，并再次对她的生日表示祝贺。

"先生，太感谢您了！已经很久没有人给我送过礼物了。刚才那位福特车的业务员看到我开着一辆旧车，一定以为我买不起新车，所以在我提出要看一看车时，他就推辞说需要出去收一笔钱，我只好上您这儿来等他。现在想一想，也不一定非要买福特车不可。"那位夫人感动得热泪盈眶，非常激动地说道。

后来，这位夫人在乔·吉拉德这儿买走了一辆雪佛兰轿车。

在这个案例中，乔·吉拉德从头到尾都没有劝客户放弃福特而买雪佛兰，也并没有对自己的商品夸夸而谈。他只是用心地善待她，从而使她放弃了原来的打算，转而选择了乔·吉拉德推销的汽车。

其实，对于业务员来说，不管是面对非目标客户群体，还是面对那些看起来衣衫褴褛甚至没有购买意愿的客户，发自内心的关心与尊重都显得尤为重要。不要小看这些微不足道的细小行动，或许正是它们，让你的推销之路走向成功。

第三章

业务之神的销售军规：
绝不要把客户当上帝

1. 把客户当朋友而不是上帝

经常有业务员感叹："今天门可罗雀，销售压力大，顾客都跑哪里去了？"其实，你有没有问过自己这样一个问题："我的顾客朋友多不多？"说真的，销售并不难，难的是你不会交朋友，或者交的朋友不够多。

成功学大师卡耐基曾说："一个人的成功，只有15％是由于他的专业技术，而其余的85％则取决于人际关系。"由此可见，掌握并拥有丰富的人脉资源，我们才更有可能走向成功。

有人总结销售三部曲是"由生人变熟人，由熟人变关系，由关系变销售"。对于业务员来说，做销售的过程就是一个交朋友的过程。只有广交朋友、会交朋友，你才能做好销售。

在这点上，中国人寿青岛分公司市南区支公司的收展组经理雷长虹深有体会。

2004年，雷长虹成为青岛分公司的一名收展员。那时她对保险一无所知。很多家人、朋友认为，她根本胜任不了这份工作。但是，九年过去了，雷长虹却干得如火如荼。

在她看来，做保险的过程，其实也是一个交朋友的过程。每天早上坐在办公室，她都会将最近联系的客户名单拿出来，拿起电话打一遍。"基本上，每一位客户，我会在一星期之内拜访一次，即使不去，我也会打电话问候一下，看客户需要什么样的帮助。"这种真诚的态度，往往使她在第一次见面时，就可以获得客户的认可。

她说自己从业近10年来，从来没有遇到过被客户拒之门外的情况。有人问她秘诀时，她真诚地答道："我从不主动推销保险产品，都是先做服务，客户主动提出来，我才会考虑给客户'私人定制'，做一份适合他的保单。"

作为一名保险业务员，雷长虹总是想客户之所想，急客户之所急。有一年，一个客户的保单即将失效。后来，这位客户主动前来复效，但只随身携带了保单原件和存折原件，却没带身份证。当时这位客户一脸着急的表情，雷长虹看不下去，提出和他一起回家拿身份证，客户十分感动："没想到，你把我的事情，想得那么重要。"不久，这位客户在她这儿又加保和投保了一些保险。

著名广告大师李奥·贝纳说："我所享有的任何成就，完全归功于对客户与工作的高度责任感，不惜付出自我而成就完美的热情，以及绝不容忍马虎的想法、草率粗心的工作与不尽如人意的作品。"

做销售不只是单一的利益关系，也不只是单纯的商务往来，它还伴随着人情。因此，当你把客户当作朋友那样对待，做足了人情，那么你还愁自己拉不到生意吗？

那么，如何和客户做朋友呢？

做推销之前，不要急着直奔主题，首先必须了解客户，既要了解他的性格特点与爱好，又要了解其家庭情况；既要了解他的现在，又要了解他的过去。只有了解了客户，才能根据其特点"投其所好"地与其相处。

和客户谈话要把握分寸。具体来说，就是谈话要看对象，对特殊人物和一般客户要有所区别，以便使你的话更有说服力，而不使听者讨厌，这样才能切合听者的口味，产生说服效果，而不至于白费口舌。值得一提的是，即使你谙熟谈话的艺术，也不要炫耀自己，因为客户是不希望别人俯视他的。

学会理解客户很关键。真正把客户当朋友的人，面对客户的唠叨，会将心比心换位思考，站在客户的角度去理解客户，倾心听取客户的意见，并帮助客户做力所能及的事。这种善于理解客户的人会让客户打心里喜欢。

对待客户要真诚。如果在与客户交往过程中，能在基本服务的基础上，为客户提供一些营销知识、真假识别常识，帮助他们做库存分析、市场分析，那么他们一定会很高兴。即使在销售的过程之中，你的产品无法满足他的需要，但是只要你能为他带来新的市场信息，那么他也一定会感受到你的真诚。

纽约美瑞公司是美国最大的百货公司，它有一个特别的服务信条："如果您没在美瑞公司买到自己想要的商品，我们会推荐您到另一家有这种商品的商店，让您如愿以偿。"

俗话说得好，"多个朋友多条路"。无论做哪一行，都要先交朋友，后做生意，先赚人气再赚财气。只有这样才能尽可能地减少商业摩擦和阻力。一个能够正确处理好与客户之间关系的业务高手，往往能够在商场中长袖善舞，并能游刃有余地处理和客户的各种复杂关系，从而广结善缘，进而广辟财源。

2. 销售不是一锤子买卖

有一句谚语叫"牛不喝水强按头"，意思是强迫某人做某事。这种做法不可取，而且在实际销售中也很难做到。但是作为业务员，我们可以想办法让牛自己去喝水：尊重客户。

净水器业务员李梅，曾不止一次地拜访过一位客户，每次拜访时却从不主动谈她所销售的净水器内容。这位客户感到很纳闷，当李梅再次登门拜访时，她终于开了口："李小姐，我们交往这么长时间了，在工作上你给了我很大的帮助。但是，我一直不明白的是，你为什么一直不向我谈起有关净水器的内容呢，难道有什么难言之隐吗？"

"呵呵，您问这个问题啊……暂时不想告诉你。"

"怎么？莫非你对自己的工作并不感兴趣吗？"

"怎么会不感兴趣呢？我就是为了推销净水器才经常来拜访你的啊！"

"那既然如此，你为什么从不向我介绍净水器的内容呢？"

"坦白地告诉你，我一向是让客户自己决定是否购买产品的。从来不去给客户施加压力。因为，我认为当客户真正需要时就会去推销。现在，想来未能使你感到迫切需要，是我努力不够。"

"原来如此，你的想法就是和别人不一样，很特别，也很有意思啊。"

"所以，我会对每一位客户进行连续拜访，一直到客户自己感到真的是需要购买为止。"

"如果我现在告诉你现在就要买你的净水器……"

当谈到暴力时，很多人都会想到：所谓暴力就是强行地把他人不喜爱的东西强加给他，其实将自己的感触强加给他人也是一种暴力，尊重客户首先从尊重他的感触开始。

著名营销大师陈安之说过这样一段话："你要想很好地知道自己的行动是不是做到了尊重客户，就要从客户的角度去看待问题。比如说，你是一个家电商场的业务员。如今来了这样的一位顾客，你给他介绍了许多商品他都感到不满意。他却不表达任何的意见。最终他没有买任何的商品，而你用了许多的时间和这位顾客沟通却没有成交。通常你会如何想呢？必定会把差错悉数推到顾客的身上。若是认真地考虑一下这单生意没有成交的缘由，你会发现或许是由于你没有站在客户的角度去知道他真实的需求，而是一味地从一个业务员的角度考虑问题。"

无论是谁在受到别人尊重的时候，对对方的好感必然会油然而生，相信业务员所面对的每一位客户也不例外。

卡耐基曾说："在跟别人相处的时候，大家要记住，和自己交往的不是只会逻辑思考的人，而是充满感情的人，是充满偏见、骄傲及虚荣的人。"这句话就是在告诉大家，人在本性上是希望被别人钦佩、赞美及尊重的。在如今这个变化莫测的市场中，业务员与客户沟通的关键之处就在于是否能真正地抓住人性中这一共同的"弱点"，是否能做到满足客户希望得到尊重的欲望。

那么，如何在销售中体现出对客户的尊重呢？

从牢记客户的名字开始。要知道记住客户的名字是件非常重要的事情。彼此见面时的称呼很重要，一般的称呼是姓+职务，如张总、张董事长。当遇到位居副职的客户时，应尽量把"副"去掉。另外，称呼客户不是一成不变的，而是需要根据销售场合的不同而有所改变。

多赞美，让客户自始至终保持一种优越感。在与客户进行沟通时，真诚地赞美客户和向客户虚心地请教，都会让客户认为业务员非常重视他，会让客户觉得自己是个比较重要的人物。当客户的这种优越感被满足时，其警戒心也就逐渐消失了，他与业务员彼此之间的距离就会被拉近，从而使销售成功率大大提高。

对待客户要宽容，学会敏锐地洞察客户的一切。要细心地观察客户，尤其是当客户的情绪处于低潮时，要用心去体谅客户，给予适当的安慰；当客户处于成功时，也要不失时机地、巧妙地赞美几句，这同样能增强与客户的沟通。在销售过程中，还应敏锐地觉察到客户想躲避的话题，一旦客户言语支支吾吾，或者有意地岔开所谈的话题时，切不可盘根究底，而是要设法转移话题。

尊重客户的时间和空间。对于客户来说，时间就是金钱。尊重客户的时间也可以为自己节约更多的时间。不要让客户感到你在糟蹋他的时间，否则他不会想再和你谈下去。所以在销售过程中，一定要用最短的时间把自己最想表达的内容说清楚。这是对客户的一种尊重，也是提高效率的好办法。

尊重客户的文化、种族、工作和性别。很多业务员在推销的过程中，喜欢自作聪明，比如对待不同的客户采用不同的态度和策略。实际上，正如有句话所说，聪明反被聪明误，客户的眼睛是雪亮的，一旦受到不公正的待遇会立马走人的。

总而言之，业务员是为客户服务的，是为客户着想。在优秀业务员的心目中，客户的利益就是他们一切行动的指南。做到满足客户的愿望，让他感受到被尊重，就需要业务员从客户的角度出发，站在客户的立场去思考问题，并尽可能准确无误地找出客户所关心的利益点。

3. 平时多"烧香"，用时有人帮

亲人、朋友之间不经常联系就会变得生疏起来，何况是生意场上的关系？一个优秀的业务员懂得：任何一笔业务都不是一锤子买卖，只有经常和客户保持联络，才有可能和客户成为好朋友，进而获得意想不到的收获。

肖凯大学一毕业就进了一家电脑销售公司做销售。但是，两个月过去了，他的销售业绩仍不理想，销售总监曾多次找他谈话，他心中也是十分焦虑。陈明是公司的一名老员工，干五年销售了，每月都是公司里的销售冠军。肖凯的困境他看在眼里，决定帮他一把。

"你手机上现在存了多少个客户的联系方式？"陈明小心翼翼地问道。

"三百多个了。"肖凯漠然地说道。

"那你经常和他们联系吗？"陈明耐心地询问。

一想起这个问题肖凯就有些郁闷。他给陈明讲了这么一件事：有一次，可能是太忙了，有个客户他两个月都没有联系，过了两个月他再和那人联系的时候，客户讲："哎呀，你怎么不早点儿与我联系？我昨天才买了几台电脑。"其实这个客户之前并没有在他那里买电脑的意思，所以他以为联系他是一件浪费时间和精力的事情。

陈明看出了问题的所在："经常联系，就能成为好朋友。有些人可能当时不会买你的东西，但是你只要持之以恒，他就一定能感受到你对他的关心，下次说不定他就会突然出现在你面前，甚至是带着身边的朋友呢。"

很多业务员认为没有必要跟进那些没有成交的客户，认为跟进这些客户是一件既浪费时间又浪费感情的事。实际上，正如有句俗话所说："买卖不成情意在"，平时多关心客户，多联络，时间久了自然能够和他成为朋友。一旦成为好朋友，还怕他不来买东西吗？即便这次没有他需要的产品，可能下次就会有他需要的东西了。

个人直接销售额达到49亿美元的营销大师泰德·尼古拉斯的经历便是一个很好的事例。

年轻的时候，他创立了自己的糕点零售连锁店：House of Fudge。在谈到自己的成功经验时，他说道："起初，我每六个月和客户联系一次。后来我改成每三个月给客户写一封销售信后，我的销售额增长了一倍。然后我又改成每隔一个月发一次。我的销售额又以相应的比例增长了。最后我找到了最理想、最盈利的时间间隔——一月一次。"

开始的时候，他还担心一个月给顾客发一次销售信会不会太频繁了，顾客会不会厌烦。

但是，他担心的情况并没有发生。因为他收到了大量的反馈，也收到了大量的订单。

他特别提到，如果你的顾客喜欢，甚至是爱你的产品或服务，他们就会愿意经常收到你的销售信。相反，如果你不经常联系你的顾客，他们很快就会忘记你，很多人就会转而购买你的竞争对手的产品。所以他强烈建议业务员每个月至少和顾客联系一次。他发现最有效的定期联系方式就是写上乘的销售信。

如果经常和客户保持联络，可以让客户感觉到你的关心和服务，就可以避免竞争对手把你的客户抢走。但是如果一位业务员不经常与他的客户保持任何的联系，那么他就不会知道这位客户究竟对他的产品满意程度是怎么样的，也就没法针对客户的不同需求去改进服务，也就不可能在竞争中取得优势。

打电话或发短信是与客户保持联系的最直接、最常见的方式。在平时或者是节假日，给客户一个电话或者一条短信，肯定能俘获客户的心。或者在客户购买了你的产品之后，你适时地给客户打个电话询问产品的使用情况，看客户需不需要其他的服务，这样的话，客户就能真真实实地感受到你对他的关心。

亚特兰大市的瑞典汽车维修行的总经理克拉克·奥顿，十分注重与自己的客户保持联络，他每天会专门抽出一两个小时给20到50个客户打电话，请客户说出自己的不快，并让他们当即指出哪些方面使他们不快。

由于他的服务态度极好，客户们都会想着这家拥有100万美元资产的老板曾给他们打过电话，于是经常前来光顾。他的生意也十分火爆。

业务员也可以发电子邮件、寄送明信片，方便快捷。在个人电脑上，进行设置，那么系统会自动定期向客户发送相关邮件、信息，这样在客户的脑海中就会留下一个挥之不去的影子，时间久了自然就记得你这个人，记得你的产品了，那么他们也就不会被你的竞争对手轻易地抢走了。

乔·吉拉德被誉为"世界上最伟大的业务员"，他连续12年荣登《世界吉斯尼纪录大全》世界销售第一的宝座，他所保持的世界汽车销售纪录——连续12年平均每天销售6辆车，至今无人能破。

他有一句经典名言："我相信推销活动真正的开始在成交之后，而不是之前。推销是一个连续的过程，成交既是本次推销活动的结束，又是下次推销活动的开始。业务员在成交之后继续关心顾客，将会既赢得老顾客，又能吸引新顾客，使生意越做越大，客户越来越多。"

为了与自己的客户保持联系，乔·吉拉德每个月都会寄出1.5万封的明信片，这样客户始终没有办法忘记他，即使自己暂时不更换汽车，也会主动介绍客户给他，相信这也是乔·吉拉德成功的关键因素之一。

在某些情况下，给客户赠送纪念品也是一个很好的情感联络方式。小小的礼品，不一定很昂贵，却让客户觉得你是在真正地关心他，那么他也会更加信任你。这是一种很有效的方法，中国有一句俗语"吃人家的嘴软，拿人家的手短"，说的就是这个道理。

当然，一个成功的业务员知道，向客户传递一些他最关心的信息也是必要的。比如将行业内有关产品的最新信息定期发给客户；邀请客户做公司的信息顾问，参与新产品的开发及创意等工作；搜集有关客户兴趣爱好、子女教育、社会热点等信息定期发送。

客户就像是朋友，要常联系才行，如果很久没有联系很容易就会流失了。但是如果联系太过频繁的话，又会容易引起客户的反感，特别是还没有下单的客户，所以跟踪的技巧很重要。俗话说："心急吃不了热豆腐。"想要成为一名优秀的业务员，要有跟客户做长期业务的准备，不能心急，既要给自己时间，又要给客户时间。

4. 说"正事儿"前不妨先套交情

俗话说："伸手不打笑脸人。"说正事儿前，先套交情，既有助于在人际交往中打破僵局，缩短和客户之间的距离，还能向对方表示出你心中的善意和结交之意。

那么怎样和客户套交情呢？

首先，良好的寒暄是必不可少的。在说"正事儿"之前，双方之间由于不了解或者是接触太少会存在一定的陌生感，这个时候如果直入正题，不免会有些尴尬和失礼。因此在说"正事儿"之前营造一个融洽的氛围是很重要的。而寒暄是谈判机器开动的奇妙的"润滑剂"，是减少双方心理障碍的有效的"催化剂"。

在销售活动中，和客户寒暄与不和客户寒暄的差别还是很大的，我们不妨看看下面两个例子。

　　小周热情地和一位顾客打招呼："王大妈，来了啊，您今天气色看起来很好！"

　　王大妈："今天有什么新鲜的鱼吗？"

　　小周："有，您到这边瞧，我帮您挑。"

　　王大妈在小周的热情服务下，买走了4斤鱼。

　　新来的促销员小赵非常积极，顾客李大爷一进来就赶紧迎上去，热情地问："您需要些什么？"

　　李大爷说："我随便看看。"

　　小赵说："那我帮您介绍吧。"

　　李大爷看他这种架势，说："不用了。"一个转身就走了。

　　这两个故事中，小赵积极有余，但是头脑显然不够灵光，光顾着做生意。小周深谙寒暄之道，所以她不着急做生意，而是和客户聊起了家常。最后，小周完成了销售目的，而新人小赵却被客户抛弃。

　　由此可见，进行营销活动之前，主动和对方寒暄，增进友谊，对销售很有益。很多时候，销售活动的双方由于各自带有一定的目的与使命，往往对陌生的对方抱有各种猜测、戒备的心理，更有甚者还抱有敌对情绪。在这种情况下，要创造良好的谈判气氛，就要与对方加强感情沟通，主动寒暄，消除双方的隔阂，与对方交朋友。

　　寒暄时要主动热情、大方得体，力求先入为主地向对方传递有声和无声的信息，借此表现出自己对对方的热情、友好、关心与信任，也表现出对谈判的真诚期望并信心十足，这可以给对方留下一个鲜明、深刻的第一印象。

寒暄的内容可以是多方面的，但最好是令人轻松愉快的、非业务性的。比如谈到双方的家乡、阅历、家庭，或者以前旅游过的地方、那里的风土人情，最近的趣事轶闻、时事新闻。通过上述话题的寒暄，往往比较容易引发双方某方面的共鸣，发现共同的兴趣，引起双方心灵的共鸣，为正式会谈奠定良好的感情、气氛的基础。当然，寒暄要把握好度，太过热情会让客户厌烦。

"尊重客户，和对方做朋友"也是和客户套交情的一个重要法宝。

由于销售谈判往往是斗智斗勇，气氛难免会有剑拔弩张的时候。这个时候，如果一味追求自己的利益，只求目的，不顾方式，很可能会伤害对方的自尊和面子，进而影响到销售合作的进程。

当谈判陷入僵局的时候，不要继续采取强硬措施，而应该先缓一缓，与对方联络联络感情，先做朋友，那么说不定谈判会出现柳暗花明又一村的情景呢！

A工厂委托B工厂生产一批零件。双方谈判很顺利，并如期如愿签订了委托加工合同。但在履行合同过程中，由于原材料价格上涨，生产零部件的B公司提出加工价格也要相应上涨，否则，他们拒绝继续履行合同，终止合作。

A公司派销售部经理张迪与他们协商、谈判，但是几轮谈判下来，B公司仍然立场坚定，任凭张迪磨破嘴皮，就是不改初衷，谈判陷入僵局。这时候，张迪决定暂时停止谈判。于是在接下来的几天里，他主动邀请对方吃饭，还请他们一块儿到庐山来个三日游。在旅途中，张迪没有谈及任何有关谈判的事情，而是聊些风土人情，各自的家庭这些话题，几天下来，双方成了好朋友。

这时候，张迪见双方已经成为好朋友，就主动安排助手私下与对方助手进行了几次非正式的见面，听取了对方的意见和建议。这样一来二往，双方之间的僵局渐渐被打破。张迪看到时机成熟，又重开谈判。这次双方都顺利地做出了一定的让步，对方的销售经理说："咱们已经是好朋友了，通过这几天的交往，我发现你这个人很值得信赖，我们是不会让朋友吃亏的，咱们就按照新商定的价格成交，我签字！"就这样张迪顺利完成了这次签单的任务。

一个优秀的营销人员知道，说"正事儿"之前先套交情，是决定营销活动能够顺利进行的重要一环。在正式谈判之前，只有和客户进行一番良好的寒暄，发自内心地尊重客户，和客户做朋友，才能赢得客户的心，进而赢得客户荷包里的钱。

5. 别让客户觉得你是个吝啬鬼

销售行业流行着一个深入人心的法则——"无往不利"，想要得到好处就必须学会相互让利。销售是一门和顾客"斗智斗勇"的艺术，要想在这门艺术中获得最终的胜利，就必须牢记这套法则，给客户一些心理上的优势，让客户占点小便宜，不仅能满足了客户潜意识里喜欢贪便宜的心态，也向客户显示出你的诚意。时间久了，出于投桃报李的心态，客户也自然会回报你的人情。

对于业务员来讲，把握客户心理是达成自己销售目的的关键步骤。

贪图便宜几乎是所有客户内心真实的想法，适当给他们一些小便宜，让他们觉得你是"自己人"，与客户"心有灵犀"，你的生意才会"点点涌"。

　　如今的日本"佳能"照相机已经是世界名牌产品。但是，多年前，佳能刚刚进入中国市场时，各种欧美照相机早已挂在了中国摄影记者的脖子上。

　　一开始这种情形让佳能公司十分头疼，但是为了让自己的产品占领更多的市场份额，不甘人后的佳能公司最后想出了一个出奇制胜的好办法。

　　经过一番调查，佳能公司发现，众多的中国摄影工作者、爱好者只能从样本资料上了解佳能EOS照相机的性能，从商店的橱窗里看到它的模样，却不能去摸一摸、试一试EOS照相机的功能究竟怎样。

　　为什么不能让EOS照相机和中国的消费者近距离接触，成为"好朋友"呢？在这个思维的引领之下，佳能公司上海事务所想出了一个妙招：把大批佳能EOS照相机借给上海的记者，让他们免费使用40天，同时又请维修部的专家讲解它的功用、性能。

　　1992年夏天，上海许多媒体的摄影记者都用上了"佳能"EOS照相机。他们使用得相当认真，开始时小心翼翼，后来就随心所欲地拍起来……40天匆匆而过，记者们送还照相机时都恋恋不舍。没过多久，一些记者打电话告知佳能公司上海事务所，他们准备购置一批EOS照相机……佳能公司以"欲取先予"的策略打开了中国的市场之门。

　　佳能公司先给顾客一些甜头，进而套牢客户的心，然后再获得高额的利润，这种欲取先予的做法值得所有的商家学习和思考。所以，商家如果想吸引顾客，必须给顾客一定的"利"，他们尝到甜头，才有可能买你的商品。

谭先生初涉商海，在市场上考察了很久之后，他选定做销售玻璃鱼缸的生意。于是从厂家批发了2000个鱼缸，运到市中心去卖。

一个星期过去了，谭先生的鱼缸才卖掉几个，心想这样下去总不是办法，于是他开始琢磨使鱼缸畅销的点子。晚上回去，他也顾不上吃饭了，蹲在门口的大树下思忖起来，也不知是半夜几点了，鸟叫了几声，一条妙计终于涌上心头。

第二天一大早，谭先生去花鸟市场找到一家卖金鱼的摊位，以较低的价格买下1000条金鱼，然后，他让卖金鱼的老人帮他把金鱼运到市中心公园的一个小湖里，将1000条金鱼全倾倒进清澈见底的水里。老人很是吃惊，老人认为他在胡闹，并且还怕他不给钱。见老人心存疑虑，谭先生立即从身上掏出钱一分不少地付给了他。

时间不长，市中心公园的小湖里有大批活泼漂亮的小金鱼的消息在周边市民的口中传了个遍。许多老人争先恐后地涌到小湖边打捞金鱼，捕捉到小金鱼的人，兴高采烈地跑到不远处卖鱼缸的摊位前，选购鱼缸后高兴地捧着小金鱼回家了。一些未捕到金鱼的人们，唯恐鱼缸卖完后买不到，他们不管谭先生把售价抬了又抬，纷纷涌到谭先生的摊位前抢购鱼缸。仅半天时间，谭先生的鱼缸就销售一空。

看着口袋里红色的钞票，谭先生笑开了花：2000个鱼缸，让他赚了2500多元。高兴之余他想，如果不给顾客一些甜头，买下那些金鱼放在水塘里，自己能赚到这么多钱吗？

先予人以利，尔后自己得利以及兼顾同行之间的利益，这是先付出后得回报的一种智慧。人世间的事情，有了付出就有回报。付出越多得到的回报越大，不愿付出，只想别人给予自己，那么"得到"的源泉终将枯竭。

英语专业的刘东，毕业后进入了一家外贸公司。经过三年的艰苦打拼，他的年薪从刚开始的6万元上涨到如今的10万元。可是刘东有一个不好的习惯，那就是吝啬。比如，每天长途和市话尽量都用公司的；午饭在公司食堂打双人份，晚上接着吃；下班后依然用办公室的电脑看电影、打游戏；私自降低客户接待标准等。

有一次，经理让刘东负责和上海来的客户洽谈业务。两人谈完正事，签完100万元的合同，已近中午，按理说，刘东本该带着客户去高档酒店用餐。可刘东却以自己有要紧事要办为由，带客户去公司食堂吃了顿15元的午餐，弄得客户满腹怨言。事后刘东不知从哪里弄来了一张酒店发票，向公司报销，钱自然进了他的腰包。世上没有不透风的墙，公司领导听闻后，把刘东从热门的销售部撤换到后勤部，本来他是销售经理的热门人选，却为这蝇头小利毁了前程。

太吝啬的业务员是无法赢得客户的心的。在电商行业，很多商家喜欢打出"包邮"的口号，这一招很管用，尽管商品价格是一千块，邮费是十元，但是只要商家免邮费，顾客还是很满意的。但是也有一些商家，一件衣服卖一千，连五元的邮费都不愿意包，顾客看到这里，心中自然很郁闷：赚了我这么多钱，连五元的邮费都舍不得，真小气！下次再也不到你这里买了！

中国古语云："欲将取之，必先予之。"取与予，相辅相成，前者是目的，后者是手段。只想得到，不愿给予，这是一相情愿，做生意也不会赚钱。若要自己受惠，先要施惠于人。有甜头，顾客才愿意停留下来慢慢嚼。

6. 买卖不成交情在

在电影《非诚勿扰2》里，演员姚晨和孙红雷举行了一场高调的离婚仪式，主持人高喊"散买卖不散交情""再见亦是朋友"。其实做销售也应该这样，就算和客户没有做成买卖，也要学会微笑着和他做朋友，只有这样，彼此之间的信任和情谊才不会受影响，那么下次再做生意的时候，这个朋友或许就能给你帮上一个大忙。

新人小兰因为没有完成售楼任务，心里很是焦虑。这天她很幸运地接待了一位有购买意向的大客户，于是十分卖力地讲解，对方提出的各种问题，她也不厌其烦地耐心回答。

当小兰认为成交有戏、想带其去办理手续时，不料客户却很肯定地回答说："我不买。"

小兰顿时气不打一处来，一连串地质问客户："你这个人怎么这样，既然不买房子又何必浪费我那么多时间？"

客户生气地回应道："我还没说完呢。我不买，是我的朋友要买，我本来打算向他推荐你的，现在看来没这个必要了。"客户拂袖而去，留下小兰一个人懊悔不已。

因为客户的一句"不买"，小兰顿时便没了好脸色，结果失去了一位朋友，丢了一个大订单。

其实，做推销永远是从被拒绝开始的。作为业务员，你应该感谢这种拒绝。虽然，这种拒绝会摧残你的自尊，但是同样的，它也会加速你成长的进程。一个聪明的业务员知道，销售不是一锤子买卖，买卖不成是常有的事，但是他们深知朋友的意义远大于一次成功的买卖，因为他们后来大多数的买卖都是由这些当初拒绝自己的客户带来的。

所以，面对客户时，他们总是能够以礼相待，把顾客当朋友，在一个平等友好的层次上，进行买卖和沟通。"生意不成交情在"，如果顾客没买东西，他们也会微笑着说："没关系，欢迎下次再来！"

项东两年前开始做小数码产品的批发，在市中心练摊三年，小柜台里摸爬滚打茁壮成长，他对"买卖不成仁义在"这话深有体会。

他深知，做销售这一行，不可能每笔单都能成交，不能成交的因素太多了，业务员自身的谈判能力，产品的品牌、品质差异，还有价格的原因，又或者客户那边的特殊甚至无理要求，等等，都有可能使将要成交的订单与他擦肩而过。然而，如果能因为这样的一个订单就能认识一个客户，或者说是一位好朋友，也许就多了一个更好的合作的机会。

有一天下午，项东发完几个邮往外地的快递，正准备收工回家的时候，看见 QQ 在闪。原来是一个市郊的客户在找一个合适的摄像头，而他店里正好有好几个牌子，价格也比较有优势，于是开始在网上和对方沟通，了解对方的使用需求、使用环境和心理价位等。没想到这位客户除了简单的产品资料之外，对摄像头的成像器件也格外感兴趣，他要求项东给他详细地做个说明。

于是，项东从头至尾详细地说开来，说得兴起甚至搜出了几张成像原理示意图，发给了对方。一小时之后，对方终于憋不住了，告诉项东："谢谢你，你把我这一年的问题都解释清楚了，甚至比我们老师讲得还好。其实我并不是真的要买摄像头，是我们课程需要，我看您店里这么多摄像头产品，心想你肯定是这方面专家，所以才……"

听到这番话，项东真想骂人。不过他还是和和气气地跟对方说："这一个小时对我也很值，因为和你这一交流，也让我对这个产品有了更深一层的了解与认识，还锻炼了我的表达能力，这个效果恐怕用钱都难以换来，所以我要谢谢你啊，就算你没买我的东西。"后来，这个客户又多次向他讨教电脑知识，项东每次都认真地回复了他。三个月之后，这个客户给他发了一个订单：购买20个摄像头。项东很高兴，通过这件事，他更加深刻地认识到，买卖不成仁义在，多个朋友多条路嘛。

业务员遭受拒绝是常有的事，有的客户可能还需要时间考虑，有的还要等机会。但是这么被人拒绝确实让人很失望，想想，口干舌燥、尽心尽力地为客户服务，最后却弄了个乘兴而来，败兴而归。

但是，尽管如此，当你还站在客户面前的时候，你还是告诫自己，坚持到底，尽心尽力地为客户服务，保持形象，不能让客户看到自己的沮丧。

作为业务员，在你被拒绝空手而归的情况下，你的举止应该更沉稳，如果你像一条丧家之犬，不仅没人同情你，而且还会有人鄙视你，希望永远不要再见到你。相反，你越是彬彬有礼，比如向客户道歉："对不起，打扰您了！""在您方便的时候，我再来拜访您！"，你给客户留下的印象就越深刻，甚至让客户产生内疚的感觉，说不定你的诚心打动了他，下次再合作的时候，他就会找上你。

买卖不成交情在，这次生意没谈成，并不等于今后也谈不成。通过良好的涵养和沟通，你仍然可以给客户留下了一个良好的印象，为你下次生意的成功播下了优良的种子。

第四章

业务之神如何分析客户心理：
把任何东西卖给任何人的秘密

1. 抓住人性弱点，让客户感受到购买的好处

如果你认为"我的产品是同行业里的佼佼者，我的服务也是一流的"，客户应该毫不犹豫地选择成交，那真遗憾，事实上这个理由很难成为你签单的关键，甚至会阻碍你签单成功。

电影《爱情呼叫转移》里面的售楼小姐推销楼盘时，不断介绍自己的楼盘有多好，"空间宽敞""精装修""附赠家具""园艺优美"，结果却都被顾客以"傍名牌""掩瑕疵""面子工程"等作为回应。

与之相对比，另外一种售楼方式显然更受欢迎。一位客户到了售楼部，售楼小姐没有先夸奖自己的楼房格局是多么合理，环境是多么优美，而是先问您家里有几口人，孩子多大了，有没有老人一起住等。客户说，孩子4岁了，孩子的爷爷奶奶一起住。这时，售楼小姐才会娓娓道来，我们的楼盘周围有幼儿园，附近还有一所非常不错的小学。同时，小区里有一个花园，空气好，还有健身器材，老人可以带孩子去遛弯。

在销售中，一流的业务员不会把焦点放在自己能获得多少好处上，而会在第一时间告诉客户，产品会给他带来哪些好处。比如，你的产品如何能帮他们节约时间成本；如何能帮他们缓解痛苦和压力；如何能帮他们省钱。如果一个业务员只知道说"我的产品质量好，服务好、信誉好"，那么往往只会引起客户的不耐烦，不愿意听你啰嗦，继而拒绝购买。

金克拉说，不论你卖什么，你都要想办法让你的潜在客户知道，买下它比不买它要划算。业务员要明白，客户最感兴趣的，最关心的往往不是产品本身，而是业务员提供的产品或服务能够给他带来哪些好处。

一大早，一家女裤专卖店刚开门就迎来了三位顾客。一位是六十多岁的老太太，后面是一对青年男女。

营业员热情地迎上去打招呼："欢迎光临，看中哪个款式可以试一试。"

老太太回头对青年男女说："这里货多，你们仔细看看，拣条称心的买。"

营业员心里明白了，这是婆婆为未来的儿媳妇买裤子。于是，她指着挂在货架上各种各样的裤子说："这些式样现在都有现货，都是今年最流行的款式。"

三个人都未做声，营业员发现老太太的目光总是停留挂着150元价格牌的裤子上，姑娘却目不转睛地盯住那一排200多元的裤子。而男青年的眼睛一会儿望望裤子，一会儿又看看老太太和姑娘，脸上露出一些不安的神色。

营业员明白了，老太太是想节约一点，买一条物美价廉的裤子，姑娘倾心时髦，想买一条高档的裤子，但两人都不好意思开口。男青年大概看出了双方的心情，可既怕买了便宜的得罪了女友，又怕买了高档的得罪了母亲，所以左右为难，一声也不吭。

面对这种僵持的沉默局面，营业员想了想先对老太太说："100多元的裤子，虽然价格便宜，经济实惠，但都是用混纺料做成的，一般穿穿还可以，如果要求高一些恐怕就不能使人满意了。"接着，营业员又指着200多元的裤子对姑娘说："这种裤子，虽然样式新颖，但颜色均比较深，年轻姑娘穿显得老气了一点。"

说着，营业员取出了一条米色的裤子说："这种裤子式样新颖，质量也不错，而且米黄色是今年的流行色，姑娘们穿上更能显出青春的活力。关键是现在价格也非常合适，以前都卖280元的，现在特价188元，现在只剩这几条了，您看看喜欢吗？"

营业员一席话，使气氛顿时活跃起来，姑娘喜形于色，老太太眉开眼笑，男青年转忧为喜。三个人有说有笑地翻看着这条裤子，姑娘试穿后也十分满意，老太太高高兴兴地付了钱。

这个营业员的中和策略，一下子满足了三个人渴望得到的好处，他们怎么能不欢喜呢？

任何一个人都会对自己有好处的事情感兴趣。客户购买产品，多数是出于需求，但如果你只能满足他们的需求，而不能让他们体会到你提供给他们的额外好处，他们会非常容易选择"再去别家看看"。作为业务员，你要让客户意识到拥有你的产品会给他带来好处，甚至你提供的好处让他感到意外。到了这样的地步，他们就不会再从心理上拒绝你，而期望你能把产品给他们带来的好处讲得更详细一些。

一家旅行社的业务员向乔·吉拉德销售夏威夷旅行计划时说："你别亏待了自己和你的夫人。生命太短暂了，像你这样努力工作却不给自己奖励怎么行呢？况且，度完假回来之后，养精蓄锐一番，你的状况会更好，我确信你回来之后，会销售更多的车来弥补这次的花费。"

这位业务员没有强调夏威夷旅行本身的亮点，而是强调旅行给客户带来的利益和感受，自然会引起客户的兴趣。

因此，业务员要想让客户乐意让你为他们提供服务，就应该尽快让他们感受到你不是在打扰他们，而在给他们送好处。这样，他们在乖乖把钱送到你的口袋里的同时，还会向你说谢谢。

2. 不是只有客户想买什么我们才能卖出什么

通常我们认为，客户来购买什么，我们只要负责把他需要的介绍给他就行了。这实际上是销售的最低境界，一流的业务员懂得挖掘客户的潜在需求，并去满足他。正如苹果总裁乔布斯所言："消费者并不知道自己需要什么，直到我们拿出自己的产品，他们就会发现，这是他们要的东西。"

一个小伙子去一家"应有尽有"的百货公司业务员，老板问他："你以前是做什么的？"

他回答说："我以前是村里挨家挨户推销的小贩子。"

老板想这也算是有经验，就答应让他试一试。小伙子很快就上班了，第一天工作结束的时候，老板来看他的表现。

"你今天做了几单买卖？"老板问。

"一单。"年轻人回答说。

"只有一笔单子？"老板有点失望地说，"我们这儿的售货员一天基本上可以完成20到30单生意呢。你卖了多少钱？"

"30万美元。"小伙子回答。

"你怎么卖到那么多钱？"老板由失望变得惊讶。

"今天中午一位男士来买东西，我先卖给他一个小号的鱼钩，然后中号的鱼钩，最后大号的鱼钩。当然，他还需要小号的鱼线、中号的鱼线、大号的鱼线。然后，我问他上哪儿钓鱼，他说海边。我就建议他买条船，所以我带他到卖船的专柜，卖给他一艘长20英尺、有两个发动机的纵帆船。我问他开的什么车，他说是一辆大众牌汽车，我说那可能拖不动这么大的船。于是，我又带他去汽车销售区，推荐他买了一辆丰田新款豪华型'巡洋舰'。"

老板简直惊奇至极，难以置信地说："一个顾客仅仅来买个鱼钩，你就能卖给他这么多东西？"

"不是的，"小伙子说，"他是来给他妻子买发卡的。我就告诉他，'你的周末算是毁了，干嘛不去钓鱼呢？'"

这个故事有点像笑话，但也说明了一个道理，就是客户的需求是需要发掘的。

我们一定也还记得美国一位名叫乔治·赫伯特的业务员成功地把

一把斧子推销给了小布什总统的故事。从表面上看，总统怎么会需要购买一把斧头呢？总统自己也肯定不会去主动购买一把斧头。但这位业务员发现小布什在德克萨斯州有一个农场，而且里面长着许多矢菊树，有些已经死掉，木质已变得松软，严重影响了农场的美观。于是，他以小布什需要一把斧头去砍这些死去的矢菊树为由，成功地将斧头推销给了他。

有时候，即便客户自己，也不一定了解自己内心的需要。那么，作为业务员，有必要通过不断提问来帮助对方发现这种需要，如果你能帮助对方发现自己内心的需要，那么，你的销售就会变得易如反掌。一个优秀的业务员，懂得通过提问让客户尽量发表真实的想法，并在询问过程中积极倾听，挖掘出客户隐藏的需求。

达曼先生是一家食品店的老板，保险业务员亨利准备向他推销一笔寿险。

亨利："达曼先生，您是否可以给我一点时间，为您讲一讲人寿保险？

达曼："我很忙，跟我谈寿险是浪费时间。而且我的儿女已经成人，即便我有什么不测，他们也有钱过舒适的生活。"

亨利不死心，仍然向他发问："达曼先生，像您这样成功的人，在事业或家庭之外，还有些别的兴趣，比如对医院、宗教、慈善事业的资助。您是否想过，您百年之后，它们就可能无法正常运转？"

见达曼没说话，亨利意识到自己问到了点子上，于是趁热打铁说下去："达曼先生，购买我们的寿险，不论您是否健在，您资助的事业都会维持下去。7年之后，假如您还在世的话，您每月将收到5000美元的支票，直到您去世。如果您用不着，您可以用来完成您的慈善事业。"

听了这番话，达曼的眼睛变得炯炯有神，他说："不错，我资助了3名尼加拉瓜的传教士，这件事对我很重要。你刚才说如果我买了保险，那3名传教士在我死后仍能得到资助，那么，我总共要花多少钱？"

亨利答："6672美元。"

最终，达曼先生购买了这份寿险。

并不是客户想买什么我们就只能卖什么，很多时候，客户潜在的需求是需要我们主动去发现、去挖掘的。

比如一对夫妇来店里选购橱柜，业务员通过聊天知道他们家是地中海式装修风格，说："装修得那么好，您家那么大，又是开放式厨房，如果配上集成灶就更好了！"对方就有可能对他的推荐感兴趣，继而购买他推荐的产品。

比如，一位老人来买奶粉，业务员在她购买了奶粉后，随口说，小孩子喂奶粉，最好要兑奶粉伴侣。奶粉伴侣是什么东西，有什么作用？老人表示疑惑。于是业务员介绍说："兑奶粉伴侣不上火，还有助于消化，一般顾客来买奶粉都会和伴侣一起买。要不这样，你如果不需要，下次来买东西可以凭着小票退给我。"这位老人听了，自然很痛快地买走了奶粉伴侣。

大家所熟悉的那个卖李子的故事，也正是成功地挖掘出了老太太的潜在需求进而将猕猴桃推销了出去。他先是问老太太为何要买酸李子，当得知她儿媳怀孕了想吃酸的，就夸老太太有福气，而且会照顾儿媳妇，顺口说孕妇多吃维生素丰富的猕猴桃，生下的宝宝会更聪明。于是，老太太不仅买了一斤李子，还买了一斤猕猴桃。

作为业务员，不能只局限于客户已知的需求，要通过有技巧的提问，尽可能多地了解客户信息，以便挖掘出其潜在的需求，引导客户主动购买之前没有打算购买的产品。

3. 为客户多做一点，成交的概率就高一点

很多业务员认为，销售的目的不就是为了赚钱吗，只要想想客户能为我们带来什么就可以了，何必费心思考自己能为客户做些什么呢？在这种想法的指导下，很多业务员开始只关注谁会成为自己的客户，谁能买走自己的产品，而不去关注客户的需要。

事实上，为了赢得客户的心，使自己的产品能够成功地销售出去，业务员除了关注如何把产品卖给客户，还要学会把客户的需求放在眼里，急客户之所急，想客户之所想，尽可能地帮客户解决问题，这样才能真正获得客户的信任与支持。

美国四季饭店以销售服务好而闻名全球。有一次，一家知名企业在一次国际商会上请到当时的第一夫人南希·里根作为主要演讲者。该企业的总经理要求公司的高层人员要一起来四季酒店参加欢迎的队伍。

晚上，欢迎仪式马上就要开始了，一位部门经理匆匆来到了四季饭店，可能是由于这一整天太过繁忙，他还是穿着上班的服装，而没有时间回家换礼服了。饭店的接待员在门厅里注意到他脸上迟疑的表情，轻轻地走上前问道："先生，我能帮您做些什么吗？"这位经理把自己的困境说了出来，接待员得知情况后，自告奋勇地说："我们有一位侍者

今天不上班，我把他的礼服给你。"可是当他们来到更衣间时，却发现该侍者的晚礼服早已经被送去洗了。这位经理有些无奈，接待员看在眼里，说出了一句话："先生，您可以穿我的礼服。"他一边说着，一边开始脱衣服。可是他的礼服太大了，这位经理穿在身上根本不合身，这时，机智的接待员给饭店的裁缝打了个电话，不一会儿裁缝就赶了过来，在很短的时间里就修改好了衣服……不久，这位经理将一个国际性的商务会议"拿"到了四季饭店召开。

服务的最高境界便是多为客户着想。如果业务员善于发现客户所遇到的困难，并且帮助解决，那么销售就会变成一件很简单的事情了。想一想，当客户面对一个曾经帮助过自己的人，一定会产生好感与信赖。就算这次不会购买你的产品，下次他也会积极地光顾你的。

二十几年来，日本著名保险业务员山田正皓因业务关系结识的朋友超过数千人，而且大部分都保持着联系。有记者问他其中的奥秘，山田正皓笑着回答说："与客户接触时，一走进门，要让客户感觉舒服，而不要让其感觉到压力，他们就会和你建立长期的业务关系，他们会逐渐喜欢上你、信任你。这个原则年复一年地跟随着我，成为我开展销售业务的基石。你先别管任何其他的技巧，也不要去尝试它们。你只要想办法让客户觉得和你在一起很舒服，喜欢并且信任你，让他们觉得你是来为他们提供服务的，而不是来卖东西的就行了。"

一天，山田正皓去拜访客户。当时天空中乌云密布，暴风雨马上就要来临了。忽然他发现客户的邻居有一条毛毯正晒在院子中。他心想，一定是主人忘了将它收起来了。他便大声叫道："要下雨啦，快把毛毯收起来吧！"事后，女主人非常感激他，而他要拜访的客户也因此热情地接待了他。

山田正皓有一套属于自己的销售哲学，那就是真心实意地为客户着想。他的客户中不少是企业的经营者，遇到这些客户，他就会想，自己能为他们做些什么，能为他们的企业做什么，能给他们什么样的利益。

有一次，一位客户坚持要购买两份同样的保险，一份开立在自己的名下，另一份立在太太名下。山田正皓听从了这位客户的要求。但是在输入客户资料时，他却发现两份保险分开投保的费用，要比用同样金额以夫妻名义共同投保一份的费用高出20%。为了能帮客户节省开支，他立刻打电话把情况告知了这位客户。客户十分感激，欣然接受了他的建议。后来，他和这位客户成为了好朋友。并从这位客户所介绍的朋友处得到了更多的补偿。

还有一次，山田正皓去拜访他的老客户——一家房地产公司的总裁。见面的时候，这位客户的一个朋友正在为不知如何运用一块闲置的土地而发愁。听为这件事之后，山田正皓自告奋勇地为其介绍了一家专门建设出租公寓的建筑公司。

山田正皓在推销保险的过程之中，怀着"我能为客户做些什么"，而不是"我能从客户那里得到什么"的思想，竭尽全力为客户着想，比如，为客户提供能够为他们增加价值和省钱的建议，使客户感到温暖，赢得客户的欢迎，进而也为自己带来无数笔单子。

有些业务员在推销产品的过程中，只盯着自己的利益，为了使自己的利益得到保障，甚至不惜牺牲客户的利益。比如，隐瞒产品的缺陷，欺瞒客户，虽然，在短时间内会使自己获得不菲的收益，但是长久下去必然会失去很多客户，直至最终没有客户。

有经验的业务高手十分清楚，销售是要付出情感的。关心别人就等于是关心自己，帮助别人的同时也帮助了自己。如果你想成为一名优秀的业务员，就要多想一想"我能为客户做些什么"而不是"客户能为我带来什么"。切记：我能为客户做些什么，直到满意！我还能为客户做些什么，直到感动！相信只要你能够充分表露出为客户服务的诚意，并且全力以赴，客户就一定感觉得到，就会对你产生信任。

4. 对自己产品的信心，就是对销售的信心

在销售过程中，业务员不仅要对自己有自信，更要对自己所在的公司和所销售的产品充满信心。这种自信，会激发业务员的潜能，进而引领他们战胜各种困难，走向成功。

2001年，马云在北京某高新技术论坛上说道："我们创建阿里巴巴的时候，很多人评论我们这不行那不行。不管别人相不相信，我们自己相信自己。我们在做任何产品的时候只要问自己三个问题，第一，这个产品有没有价值？第二，客户愿不愿意为这个价值付钱？第三，他愿意付多少钱？"在过去的三年中，真正相信他的人并不多，但是他对自己有信心，他要创建以亚洲为中心的中小企业的网上基地。结果，他成功了。"我们成了中国真正的服务于商人和企业的电子商务公司以及最大的商务信息平台，在全世界范围内，我们成为存活下来的不多的网络公司之一，也成为网上国际贸易的领导者。"他笑着说道。

业务员要相信自己的公司是同类产业中最好的公司。虽然，并非所有的业务员都能进入行业中第一名的公司。但是，业务员可以告诉自己：我所工作的公司是最好的，因为这实际上是在给自己学习销售技巧的机会和成长的空间。

所以说，当你选择了一家公司，选择了推销这家公司生产的产品，就一定要对公司、对产品满怀信心，并且时刻向客户传递出一个强烈的信息："我们的公司有雄厚的实力，我们的产品是优质的、高效的，我们是一家有前途的公司，是一家注重长远的公司，是一家时刻为客户提供专业服务的公司。"

我们都知道，宝马汽车和奔驰汽车都是顶级汽车。可是和奔驰相比起来，宝马汽车的发展历史要短暂得多，但是为什么宝马汽车在短时间内就能追赶上奔驰汽车呢？

据说，宝马汽车的迅速崛起和下面的一个故事有关。

有一天，宝马公司的一位员工，在出差之后，疲惫不堪，正准备在一家宾馆住宿。可是，他刚到宾馆门口，就发现旁边停了几辆脏兮兮的宝马汽车。看到这里，员工心想：我们宝马汽车的定位是最好的汽车，怎么能够出现这种脏兮兮的宝马汽车呢？怎么能够容忍这么脏的汽车停在宾馆门口呢？这实在是破坏了宝马的形象！于是他二话不说，立即找来水和抹布将这几辆宝马汽车擦拭得非常干净。

说来也巧，这位宝马员工擦得正带劲儿的时候，一辆宝马汽车的车主来了，他非常不解地问道："为什么我没有邀请你帮我擦车，而你能够自愿帮我擦车呢？"这位员工笑着回答他说："我们宝马汽车是最高档的汽车，我们绝对不容许它这么脏兮兮地停在这里。"

这件事后来在汽车界广为传播，大家都觉得宝马汽车特别注重品质。渐渐地，这种相信自己产品、并努力维护自己产品形象的意识深深融入了宝马公司的企业文化中。以后，宝马的每一个员工在出差的时候，只要看见宝马汽车比较脏，他们就会主动将宝马汽车擦拭干净。

相信自己的产品，就要相信自己所做的产品是最好的。虽然，其他公司的产品可能比你的产品更好，但是你要给客户的印象就是我们公司的产品是最好的。想象一下，如果一个业务员自己都不信任自己的产品，那么怎么让客户信任你呢？你要明白，当你觉得自己的产品比别人的差，当你对自己的产品没有信心的时候，客户也能感觉到你的不自信，进而对产品产生怀疑。可是当客户感觉到你对自己的产品充满信心的时候，那么他也会增加信心。所以，只要你在心理上肯定地认为你的产品是最好的，那么你一定能够将这种意识传达给顾客，一举攻破顾客的心理防线。

乔·吉拉德推销的是雪佛兰牌汽车，在生活中，他也坚持开雪佛兰汽车，虽然他清楚还有比雪佛兰更好的汽车，而且他也买得起其他任何牌子的车，但是他就是只开这一种牌子的汽车。有人问他为什么，他回答说："你必须相信你的产品是同类中最好的。我发现许多雪佛兰经销商坐着卡迪拉克和梅塞德斯去上班，每当我看到他们这样做，我就觉得痛心。要是我销售雪佛兰而开其他牌子的车，我的客户见了就会想，吉拉德是不是不屑于坐他自己销售的车呢？在我看来，向客户传达这样的信息真是愚蠢之极。"

对业务员来说，让客户相信你的产品，最有效的方法就是：自己要相信自己的产品。众所周知，销售工作是一个赢得客户的接受和赞同，最终把产品成功销售给客户的过程。如果连业务员自己都怀疑自己所销售的产品，那就很难把自己的产品成功地推销给客户了。

无数成功的事例都告诉我们，只有对公司有信心，才能对产品有信心；只有对产品有信心，才能对自己有信心。一个成功的业务员懂得，每一次成功的销售，都是建立在客户对公司、公司的产品以及对业务员信任的基础上的，三个方面相辅相成，互为一体。任何一个潜在顾客，如果能在这三个方面都形成信任的话，那么下一步必然是水到渠成的销售成功。

当然，对自己的公司和自己的产品有信心的一个重要前提是对自己的公司和产品有足够的了解。如果一个业务员不了解自己的公司，对自己所销售的产品都不熟悉，那么就没有人愿意与这样的外行业务员打交道。所以在进行推销之前，业务员一定要做足功课，充分了解自己公司的状况和产品的相关知识。只有这样，你才能以一种真正自信的姿态面对你的客户。

5. 嫌货才是买货人

想必业务员们一定听惯了客户嫌弃的话语："哎呀！你的东西看起来不怎样嘛！""你还有没有更好的东西？这件产品的瑕疵太多！""这件衣服做工粗糙，价钱还这么贵！"每当听到这样的话，不少销售新人都会打了退堂鼓，心想客户一定不会买这件产品，何必跟他浪费口舌呢？其实，这种想法大错特错，"嫌货才是买货人"。

为什么这么说呢？我们先看下面的一个案例。

　　陈华大学毕业后进入一家房产公司做业务员，由于刚入行两个月，售房经验不是很丰富，业绩不是太好。

　　一天，一对中年夫妇来看房，陈华非常热情地接待了他们，并向他们推荐了几套房。其中有一套房，这对夫妇看上去非常喜欢。当陈华介绍这套房子的内部格局时，这对中年夫妇不停地微笑点头；当他介绍这套房所在的小区环境时，这对中年夫妇微笑着说："好！"当他把这套房子和周围的其他房子作比较，并指出这套房子物美价廉时，这对夫妇还是不住地微笑点头，并没有提出什么异议。观赏完毕之后，陈华问道："先生太太，你们对这套房子的总体感觉如何？"这对夫妇面带微笑说："很好！很好！"陈华心中暗喜，觉得成功在望了。

　　但是，一周之后，当陈华再次打电话给这对夫妇，让他们第二次来看房时，他们却说自己很忙，最近一段时间抽不出时间来看房。

　　年轻的陈华很不解，于是就向销售经理咨询。销售经理问："他们有没有提出这房子的缺点？"陈华回答说："没有。"销售经理又问："那他们有没有对房价提出异议？"陈华仍答道："没有。""那他们很有可能买别人的房子去了！"经理说。果不其然，后来陈华再打电话给这对夫妇时，他们说自己已经买房了。事后，经理对陈华说："嫌货才是买货人，只有对房子挑剔的客户才是真正的客户。"小华把这话牢记于心。

　　两周之后，一位四十多岁的大哥来看房，陈华带他看了几套房子。在看最后一套房子时，这位老大哥问陈华价格。在陈华报出价格之后，这位大哥说房子太贵了，然后开始对房子提出了一大堆毛病，如小区基础设施太差、房间光线不好、建筑质量无法保证等一大堆不想买的理由。在这位大哥对房子进行"抨击"时，陈华想到了经理说过的"嫌货才是买货人"，于是他判定这位大哥一定对这套房子感兴趣。在经过一番讨价还价之后，陈华坚持了自己的报价。晚上陈华快要下班的时候，这位大哥打来电话说自己要买这套房子。第二天一早，这位大哥就交了十万元的首付。

美国著名销售大师汤姆·霍普金斯曾把客户的异议比作金子，他说："一旦遇到异议，成功的业务员会意识到，他已经到达了金矿；当他开始听到不同意见时，他就是在挖金子了；只有得不到任何不同意见时，他才真正感到担忧，因为没有异议的人一般不会认真地考虑购买。"

业务高手明白，"嫌货才是买货人"。客户之所以"嫌弃"自己的货物，不正说明他对自己的产品产生兴趣了吗？客户有了兴趣，才会认真地加以思考，思考必然会提出更多的意见。这是事物发生的必然规律！如果一个客户对自己的任何建议都无动于衷，没有任何的异议，那么不用猜了，这个客户绝对没有一点购买的欲望。

沈先生开了一家水果店。有天早上，他撞上一位难缠的顾客。"你的苹果都不水灵了，怎么还卖得这么贵呀！"这个顾客拿着一个苹果仔细端详起来。沈先生满脸堆笑，不紧不慢地说："呵呵，您放心，我的水果不能说是这一片最好的，但绝对不差，您不信可以和别家的比较比较。"顾客说："太贵了，四块钱卖不卖？""不瞒您说，刚才在我这儿买的客户还是五块钱一斤呢，我要是一斤卖你四块钱，对别人不好交代吧？何况都是这个价钱，不能再低了。"沈先生还是笑眯眯地回答道。

此后，不管顾客怎样砍价，沈先生一直保持着微笑，坚决不降价。最后，这个一直嚷嚷着苹果太贵的顾客还是以一斤五块钱的价格买了。望着顾客离去的背影，沈先生感慨地说："嫌货才是买货人啊。"

从沈先生卖水果的过程中我们可以看出"嫌货才是买货人"，只有那些嫌货色不好的人才是真心想买产品的客户。沈先生面对顾客批评自己的水果，一点也不生气，始终面带微笑为顾客服务，不仅表现出他良好的个人修养，更体现出他对顾客心理的深刻洞察。

世界销售大师乔·吉拉德曾经说过："客户拒绝并不可怕，可怕的是客户不对你和你的产品发表任何意见，只是把你一个人晾在一边。所以我一向欢迎潜在客户对我的频频刁难。只要他们开口说话，我就会想办法找到成交的机会。"

有经验的业务高手懂得，客户只有对产品发生兴趣，才会认真地查验产品。一般说来，客户对产品挑剔、找毛病，一方面是因为客户心中有了疑惑，需要业务员给以解释；一方面，客户想促使业务员主动降价，从而赢得最大的价格优惠。但无论是哪一方面的原因，这都表示客户对产品已经发生了兴趣。而客户对产品的兴趣，正是决定他们购买的首要条件。试想，如果一个人对你的产品毫无兴趣，他会愿意浪费精力去挑毛病吗？

所以，对于客户对产品的挑剔和"指责"，业务员不能轻易地否定其购买欲望，恰恰相反，你要理解客户嫌货的心理，对异议表示欢迎，对自己的产品有信心，不怕人嫌，不怕比较，也不要一味地降价和妥协，只需要面带微笑，用诚恳的态度向客户讲清楚产品的优势，让他们觉得你的产品是货真价实的，购买你的产品是物超所值的。

6. 这样搞定嫌贵的客户

在推销产品的过程中，业务员们听得最多的一句话恐怕就是客户的"价格太贵了"。事实上，就算你的产品价格再低，也都有人嫌贵，"太贵了"早已是客户的一句口头禅。

心理学认为，客户嫌贵，无非是出于以下几种动机：客户怕吃亏，怀疑产品价不符值；客户想趁机砍价；客户知道别人曾以更低的价格购买过同样的产品或服务；该项产品超出了客户的价格预期；客户根据以往的经验知道从讨价还价中会得到好处且清楚业务员能做出让步……虽然客户会有各种各样嫌贵的理由，但是有经验的业务高手知道，只要摸清了客户的心理，找准了策略，一样可以让客户心服口服地买下产品。

首先，业务员可以强调产品的品质来打动客户。

如果客户不舍得花钱购买你推荐的商品，觉得产品的价格高，难以接受，而想选择一些相对廉价的商品。业务员可以想方设法地将这两种商品进行对比、示范，向客户强调所销售的产品的优点，说明自己推荐的商品能给他带来实实在在的利益，花钱完全是物有所值的。也就是说要学会引导客户正确看待价格差别。

比如你可以这样说："先生，我很高兴您能这么关注价格，因为那正是我们最能吸引人的优点，您会不会同意，一件产品的真正价值是它能为你做什么，而不是你要为它付多少钱，这才是产品有价值的地方。"或者说："我们公司的产品的确很贵，这正是我最自豪的地方。因为只有最好的公司才能销售最好的产品，只有最好的产品才能卖到最好的价钱。"

其次，业务员可以用产品长期的价值说服客户，比如你可以说："难道您不同意，宁可投资的比原计划的额度多一点点，也不要投资的比你应该要花的钱少一点点吗？您知道使用次级品到头来您会为它付出更大的代价的，想想省了眼前的小钱，反而长期损失了更多冤枉钱，难道您舍得吗？"

有时候，业务员也可以运用比较法，分散客户的注意。比如，主动提一些价格更高的产品，然后用事实来说服顾客，使他相信你的定价是合理的。

另外，业务员还可以告诉客户，产品价格之所以高于竞争对手的，是因为你们有优质的售后服务，这一点是竞争对手所不能比的。

除了以上的几种方法，有经验的业务高手也经常使用价格分解法，即在可能的情况下，可以用较小的计价单位来向客户报价，从而隐藏价格的昂贵感。

一上午，曹心怡陪着许先生一连看了七八处房子，功夫不负有心人，最后一栋房子终于打动了许先生的心。不论是房子的建筑风格还是结构格局，甚至花园和泳池都受到了许先生的热烈赞扬。他高兴地说："所有的这一切都完美无缺，它简直太漂亮了。我真想立刻就拥有它。"

曹心怡很高兴，她知道自己已经成功了一半。于是她对许先生说："只要你愿意在这张纸上签上你的名字，你就可以拥有它了。不过在你签单之前，我觉得必须告诉你一件事情，这栋房子价格比你想出的房款要高出6万元。"

曹心怡的话刚说完，许先生脸上的笑容就消失了，他沉默了几分钟后说："价格太贵了，我还是再考虑下别处的房子吧"。

细心的曹心怡觉察到了这一变化，于是她问了一个问题："许先生，你说过你打算在这座城市定居，我想你肯定会在这里住上30年吧？"

"事实上，我打算在这儿住更长的时间。"许先生肯定地回到道。

曹心怡见势又问了一个问题："那你觉得这儿的周边设施以及交通状况怎样？它们会使这座房子的价值以每年1％的速度增长吗？"

"这当然太有可能了。这里发达的公路网和即将启动的市建工程很有可能使它在短期内价值翻番。"许先生笑着说。

曹心怡知道，许先生太喜欢这栋房子了，于是她松了一口气，又提出了一个问题："那么请再回答我一个问题。你现在每年要拿出多少钱来支付公寓租金？"

"大约8万元。"许先生思考了片刻回答道。

曹心怡知道，这笔单子马上就要到手了，她笑着说道："那许先生，你愿意以年租金6万元的价格租下这座漂亮的房子吗？而且更为诱人的是，当到了年底你就可以拥有这座房子，享受它为你带来的每年1％的价值增长，并在它的相伴下幸福快乐地生活30年，你觉得这个计划怎么样？"

许先生听后，二话没说就在曹心怡拿出的订单上签上了自己的名字。

同一件产品，不同的客户有不同的看法，有嫌贵的，也有嫌便宜的。有经验的业务高手明白，报价十分有讲究，关键是让客户感到这个就是为他准备的，量身定做的，那么他就会乐意花这个钱。

所以，销售新人们，当客户说东西价格太贵时，一定不要去说客户"不识货"。其实客户挑剔的真正原因是他害怕"买贵或者买了质量太差的产品"，这个心情你应该理解。你需要做的，就是用尽一切方法来证明你的产品定价是合理的，比如你可以从产品的原料、给客户带来的价值、售后服务、单次使用成本等方面来打消客户对价格高的顾虑。

需要注意的是，当客户嫌你的产品价格贵时，首先要注意客户的表情。如果表现出惊异的表情，则说明客户接受不了这样的价格；如果面部表情没有太大的变化，则说明客户可以接受这样的价格，目的是想让业务员把价格降得更低；如果客户说价格太贵，而又没有下文，则表明顾客没有购买产品的欲望。

总之，当客户向你抱怨产品"太贵"时，先不要过分沮丧，只要耐心倾听，然后冷静地分析判断，你就能看透客户拒绝的动机，进而找出成功化解的方法。

7. 你懂得客户口中的"考虑考虑"吗

工作中，经常有业务员这样抱怨自己的客户："怎么考虑这么长时间！""办事一点都不靠谱，这不是拿我开涮吗？"其实，这种业务员根本就不知道顾客的心里在想些什么！当客户说"考虑考虑"的时候，他的心中早已经有了拒绝的念头了。所以，听到这种话时，你一定要快刀斩乱麻，迅速引开话题，千万不要耽搁时间，否则你大半天的努力一定会付诸东流。

客户说"考虑考虑"，无非是两种情况，一种是有购买欲望，一种就是拒绝。这两种情况都是客户拒绝你的前兆。

先说第一种情况。客户之所以会在有购买愿望的时候说"考虑考虑"，是因为他们对你的产品或是服务尚有疑虑，不愿意这么快做出决定。他们要给自己多留一点时间，或者是到其他地方看看，比较比较，以免做出错误的决定。这个时候，你要做的便是趁热打铁，坚定客户购买的决心。

孙杨在一家4S店做汽车业务员。这天，有一位客户前来看车。在问清楚客户的需求之后，孙杨向客户推荐了一款不错的车型并做了详细的解说。客户认真观看了这辆车，对这款车有了大致的了解，也有了要买的打算，但是害怕自己买贵了，想到其他店里逛逛，比较比较，另外他还害怕这款车车型太小，不能满足一家五口的需要。于是他对孙杨说"我再考虑考虑"，然后转身欲走。

有经验的孙杨知道，只要是这位客户踏出店门，就很有可能不会回来了。于是机智的孙杨赶紧上前拦住客户说："您对我们的产品和服务有什么顾虑和意见可以告诉我吗？我会尽我最大的努力为您做出解答。"这位客户听了这话打消了离开的念头，把自己对产品的顾虑一股脑儿地说了出来。聪明的孙杨趁机对客户说："我们这款车在同类车型中价格绝对是最公道的。如果您害怕车型太小，您可以在两个月内前来退货。"

在孙杨的一番游说之下，这位客户下定决心购买这款车。

当客户说要再考虑考虑时，表示他有了拒绝的意思，即使是在交谈当中无意说出来的，也表明他仍在动摇。这个时候业务员应该快刀斩乱麻，千万不要就此将话打住，否则时间一拖，生意就做不成了。

比如，你可以抱着很认真的态度对客户说："请原谅我不太会说话，一定有什么地方说得不明白，不然您就不至于说要再考虑考虑了，能不能把您所要考虑的事情让我知道一下呢？"假如客户说："我要先好好想想。"那么业务员就应该说："先生，其实相关的重点我们不是已经讨论过吗？容我直率地问一问：你顾虑的是什么？"

假如客户说："我再考虑考虑，下星期给你电话！"那么你就应该说："欢迎你来电话，先生，你看这样会不会更简单些？我星期三下午晚一点的时候给你打电话，还是你觉得星期四上午比较好？"堵住客户的退路，让他没法拒绝你！然后再看看客户的反应，如果客户的态度比较冷淡，就应该继续进言，进一步增强他购买的欲望。

第二种情况是，客户对产品没有兴趣，但是为了不驳业务员的面子，只得用"考虑考虑"搪塞过去。在这种情况之下，由于客户第一眼就对产品本身没有兴趣，因此业务员前面的一系列说辞都无法打动客户的心。这个时候，业务员也不能灰心，你要做的不是在这一刻让他购买你的产品，而是让他长久地记住你，从而为你的下一次推销创造机会。

廖一梅在从事图书销售工作的时候遇到一个很难应付的客户。当时公司里很多业务员都在他那里碰了钉子。廖一梅决定去试试自己的运气。

经过多方打探，廖一梅终于见到了这位客户。两人坐在一家茶馆里交谈起来。半个多小时过去了，廖一梅说得口干舌燥，但是那位固执的客户仍然不为所动。直到廖一梅再也无话可说，那人才说道："廖小姐，实话告诉你吧，我对贵公司的作品真的不感兴趣，我是不可能与你们合作的，与其把您宝贵的时间浪费在我身上，还不如趁这点时间多拉几个其他的客户。"

虽然这位客户的话很不好听，但是廖一梅还是不死心地说道："如果下次我有更符合您需求的作品，您还会给我见面的机会吗？"廖一梅的固执让客户很是诧异，但他还是点了点头，说道："好吧！廖小姐，如果贵公司真的有好的作品出现，我乐意再次聆听你的讲解。"

三周之后，廖一梅再次约见了那位难缠的客户，这一次她只用了不到十五分钟的时间就把自己的新书计划说完，然后迅速离开了客户的视线。后来，廖一梅每隔半个月就会拜访一次这位固执客户。终于有一天，廖一梅的新书计划打动了这位固执的客户。

在与客户的谈话中，业务员一定要用心体会客户的语气，以确定客户是否真的要买，如果购买的欲望不是很强，最好不要急着在金钱的问题上结束这次交易，把它套牢就行。这次他不买，下次他就有可能买了。

总之，客户就是你的上帝。即使知道他们的"考虑考虑"是一种小诡计，也不要去揭露或者讥讽，快刀斩乱麻拖住他们才是首要任务。

第五章

业务之神如何塑造形象：
升级事业的同时不忘升级形象

1. 其实每个人都是视觉动物

常言道，好的开始就等于成功了一半。作为一名业务员，你给顾客留下的第一印象是至关重要的，因为它往往决定着你销售的成败。

有位衣着不整、满脸胡茬的业务员到一家商场推销电子表，经理与他谈了一会儿，就将他支走了。业务员走后，经理对同事说："我看了他的样子就反感。"此后，这位业务员虽多次登门，但经理再没见他。

许多业务员为了赶业绩，往往不顾自己的形象，有的业务员见客户时头发蓬乱，满头大汗，一双皮鞋满是灰尘，伸出的手，指甲缝里塞满黑泥，白色衬衣的衣领、衣袖上的污渍黑得发亮；也有一些业务员包装过度，浑身上下，点缀得珠光宝气，令人目眩，化妆品使用过多，浓妆艳抹。其实这都是销售行业的大忌。

日本寿险推销冠军、美国百万圆桌协会成员、世界著名推销大师原

一平认为，形象是一张名片。

有一天，他去访问美国大都会保险公司，公司副总经理问了他一个问题："您认为访问客户之前，最重要的工作是什么？"

他回答说："在访问准客户之前，最重要的工作是照镜子。"

这位经理很奇怪："照镜子？"

"是的，你面对镜子与面对准客户的道理是相同的。在镜子的反映中，你会发现自己的表情与姿势；而从准客户的反应中，你也会发现自己的表情与姿势。"

"我从未听过这种观念，愿闻其详。"经理不可思议地望着他。

原一平认真地讲道："我把它称之为镜子原理。当你站在镜子前面，镜子会把映现的形象全部还原给你；当你站在准客户前面，准客户也会把映现的形象全部还给你。当你的内心希望准客户有某种反应时，你把这种希望反映在如同镜子的准客户身上，然后促使这一希望回到你本身。为了达到这一目标，必须把自己磨炼得无懈可击。"

原一平认为，对于业务员而言，不注重自己的形象或者是形象搭配不恰当都是一种错误的营销策略。他说："注重自己的仪表，尽量让自己容光焕发、精神抖擞，尤其要给客户留下良好的第一印象，千万不要为了追求时尚而穿着奇装异服，那样只能使你的推销走向失败。只有穿戴整洁或者穿着与你职业相称的服饰，才能给客户留下好的深刻的印象。"

业务员的仪表包括他的容貌、服饰、着装、姿态和举止风度等，这一切构成我们给对方的第一印象，而这一印象的好坏又直接决定着顾客的购买行为。不难想象，一个业务员如果懂得如何得体地打扮，穿着新颖大方，言谈举止稳重高雅，那么单凭他（她）的仪表就首先能够在视觉上给顾客以吸引，使他们产生购买的欲望。

那么什么样的仪表装扮才是最恰当、最吸引客户的呢？

业务员的容貌、服装要求：

对于男性业务员来说，工作场合穿西装是对客户的一种尊敬，颜色最好为深色，以蓝色为宜。衬衣：白色，注重领子、袖口清洁，并烫熨平整。领带：中性色彩，不要太花或太暗。长裤：选用与上衣色彩、质地相衬的面料。便装：中性色彩、清洁、无油污。鞋：无论质地如何，一定要擦亮。袜：不要穿白袜，以黑为宜。脸：及时修面，保持脸部干净。手：干净，勤剪指甲。头发：短发，每日整理，在一个时期内保持一种发型，并梳理整洁。

相对于男性业务员来说，女性业务员的服装选择余地更大。但是，也应该注意：过于男性化的职业装或过于女性的装束都不太恰当。前者可能会给客户异常严肃和刚强的感觉，使人感觉不易接近，或使对方过早地树起心理防线，加强排斥心理；而后者虽然显得婀娜多姿，但长久如此，也有失去客户信任的可能。所以，保持略显中性和贴近客户习惯的装束更适当。此外，女业务员不要佩戴太多的首饰，因为它有可能分散客户的注意力，甚至有喧宾夺主的嫌疑，进而引起客户的反感。工作时，女业务员可适当化些淡妆，给顾客留下一个清新、赏心悦目的视觉感受。

除了容貌、服饰、着装之外，一个好的仪态举止对于业务员也是十分重要的。站姿、走姿、坐姿是否正确，决定你让人看来顺不顺眼。不论何种姿势，基本要领是脊椎挺直。走路时，脚尖要伸直，不可往上翘。小腹往后收，看来有精神。

有些业务员有一些不良的小习惯，比如习惯咬嘴唇、弹手指、晃双腿、摇肩膀，虽然看似不起眼，但是这些不雅的动作会让初次相见的客户感觉厌恶，进而影响业绩。倘若你有这样的习惯，你必须马上改掉它，因为这样的坏毛病就是阻碍你成功的绊脚石。

良好的形象不仅能让未来的顾客更加喜欢你，而且能使你自己更加喜欢自己。因此，任何时候，你都要牢记：良好的形象，是你最重要的一张名片，要销售出更多的产品就一定要好好地塑造自己的形象。

2. 撇开那些不雅的动作

在人们日益注重自身形象的今天，那些表面看上去大方得体的业务员，在面对客户时或在众目睽睽之下，却往往做出一些不雅的举动，令其形象大打折扣。

有一次，有位外商来到某市的一家净水厂，和厂长洽谈合资办厂事宜。开始谈得很愉快，谁知，在签约的那天，这位外国商人出人意料地拒绝与之合作了。厂长百思不得其解，很是纳闷：工厂的各项指标都很合格，为什么不给签呢？一番打听之后，他才发现，原来，他在陪同这位外国商人参观净化车间时，不经意间往车间的墙角吐了一口痰。而这个不雅的举动恰好被外商看到了。外商认为，一个如此不讲文明的厂长是办不好净水厂的，于是，便果断放弃了和他签约的打算。瞧，一口痰使得"煮熟的鸭子飞走"了。

在如今这个日益激烈的销售市场，除了产品的品质之外，业务员自身的素质也会对整个销售过程产生巨大的影响。有句俗话说，一颗老鼠屎坏了一锅粥，业务员一个不雅的举动，往往会让之前所有的努力付诸东流。

周五的下午，业务员小陈上门到王老先生家里介绍养生床，经过小陈一番耐心的讲解之后，老先生有了购买的打算。但是，临走谈到具体的送货事宜时，小陈却没注意自己的姿态，歪歪斜斜地站在那里，一只脚踩在门里，另一只脚放在门外，不停地晃来晃去，身子也像打拍子一样地扭来扭去。

王老先生是军人出身，觉得年轻的小陈在表示不耐烦和催促，于是就用"下次再说吧"这句话把小陈打发走了，最终订单没谈成。小陈因为不雅的站姿导致交易失败。

这个例子说明了，举止姿态对销售工作而言是非常重要的，它不仅直接影响顾客对业务员的看法，而且也会影响业务员销售目标的达成。那么，业务员在推销的过程中应该注意哪些不雅的姿态呢？

一个优秀的业务员首先必须"站有站相"，因为良好的站姿能衬托出高雅的风度和庄重的气质。和客户见面时，切忌不要两腿交叉站立，因为它会给人不严肃、不稳重的感觉；也不要双手或单手叉腰，因为它会给人以大大咧咧、傲慢无礼的感觉，在异性面前则有挑逗之嫌。有的业务员喜欢双手反背于背后，实际上这是一种极不礼貌的行为，因为它会给客户以傲慢的感觉；有些业务员习惯性地将双手插入衣袋或裤袋中，这也是一种不好的行为，因为它给人一种显得拘谨、小气的印象。此外，弯腰驼背、左摇右晃、撅起臀部，身体倚门、靠墙、靠柱，身体抖动或晃动都是不雅的姿态，它们会给人一种懒散、轻浮或没有教养的印象。正确的站姿是挺胸、收腹，身体保持平衡，双臂自然下垂。

男女业务员在站姿上也略有差别：女业务员站立时，应两脚张开呈小外"八"字或"V"字形；男业务员站立时，两脚需与肩同宽，身体平稳，双臂自然下垂，下颌微抬。简单地说，就是站立时应舒适自然，有美感而不做作。从一个人的站姿往往能看出他的气质和风度。所以站立的时候，应该尽可能让人感到自然、有精神，而你自己也感到舒适、不拘谨。

如果说站姿是你给客户的第一印象，那么坐姿则是你给客户的第二印象。在销售进行到一半时，业务员往往会和客户坐下来交谈产品的相关事宜，这个时候，业务员尤其应当注意一些身体语言禁忌，因为有一些不雅的动作、令人不舒服的坐姿或者具有攻击性的姿态，很可能会颠覆你的形象，让你前功尽弃。

具体来说就是，入座轻柔和缓，起座端庄稳重，不猛起猛坐，避免碰响桌椅或带翻桌上的茶具和物品，令人尴尬。坐下后，尽量不要频繁变换姿势，也不要东张西望。最好不要双手环抱在胸前或者跷二郎腿；你可以看着客户，保持基本的眼神交流，但是不要像审问犯人一般死盯着对方不放；要跟客户保持一定的距离，双脚可以适当打开，不要紧闭，并放松双肩，这样会让你显得很有自信，不具有威胁性；当客户说话的时候，不要弯腰驼背，否则会显得作风懒惰，要轻微点头微笑，保持身体微微前倾，以表示自己对他说的话很感兴趣；坐的时候，不要显得坐立不安、手足无措，否则会让客户觉得你过于拘束，或者有所隐瞒。

除了站姿、坐姿之外，业务员的手势在销售过程中也很重要。下面介绍一些销售过程中常见的不良的手势：双手抱头，很多人喜欢用单手或双手抱在脑后，这本表示一种放松的状态，但是在别人面前特别是给人服务的时候这么做的话，就会给人一种目中无人的感觉；摆弄手指，反复摆弄自己的手指，要么活动关节，要么捻响，要么攥着拳头，或是手指动来动去，往往会给人一种无聊的感觉，让人难以接受；手插口袋，在工作中，通常不允许把一只手或双手插在口袋里的，因为这种表现，会让人觉得你在工作上不尽力，忙里偷闲；手势太多，会给人留下装腔作势、缺乏涵养的印象。此外，在与客户进行交往的过程之中，当众搔头皮、掏耳朵、抠鼻子、咬指甲、手指在桌上乱写乱画等行为也会严重影响业务员的形象。

业务员的走姿是最容易被忽略的，也是最让客户头疼的。有些业务员可能不以为然，实际上，潇洒优美的走路姿势是最能显示出业务员的气质的。良好的走姿能让业务员显得体态轻盈、充满朝气。那么如何做到这一点呢？走路时要抬头挺胸，步履轻盈，目光前视，步幅适中。双手和身体应随节律自然摆动，不要做出驼背、低头、扭腰、扭肩一类的姿势。多人同行时，应避免排成横队、勾肩搭背、边走边大声说笑。

相对于言谈礼仪而言，优雅的仪态是一种无声的语言，它能体现出一个人的性格、修养和生活习惯。业务员的一举一动直接影响着客户对你的评价。因此，作为一名业务员，更应有意识地避免一些习以为常，然而确实极为不雅的举止仪态。

避免在一个不吸烟的客户面前吸烟；避免对着客户咳嗽或随地吐痰；避免当着客户的面打哈欠、伸懒腰——这会让客户觉得你精神不佳，不耐烦，或懒散且目中无人；避免当众照镜子，这种严重自恋或没有自信的举动，是对客户的一种不尊重的表现，容易引起客户的反感……

虽然行为仪态看起来似乎只是琐碎小事，但正是这些小事反映出了一个人的文化修养和素质。所以，要想成为一个受欢迎的业务员，请你一定要随时随地都注意你的一举一动，以优雅的仪态吸引客户。

3. 把自己打造成权威的形象

对于一名业务员而言，拥有专业知识很重要。美国保险业协会的权威人士约翰逊说过这样一句话："成功的保险业务员与挣扎中的保险业务员的差异在于其所掌握的专业知识的程度不同。"可见良好的专业知识是业务员销售成功的基础。

为了更有效地证明这个说法，我们不妨先看下面这个案例。

一天，一名客户走进一家4S店。业务员小刘见到客户，马上上前打招呼，并询问客户有什么需求。

这位客户默不作声地走到了一辆车前面，让小刘打开引擎盖并启动发动机。在经过一番认真观察之后，这名客户向小刘问了一个比较专业的问题："这款车的怠速是多少？"小刘望着客户，脱口而出："1斤。"为了让客户更清楚地了解情况，他让客户坐进了驾驶室。此时发动机转速表指针指在在"1"的位置上，他指了指说："你看这里，就是1斤。"

客户听完，一言不发，扬长而去。而小刘呆呆地站着，仍然不知道客户为什么会离去。

"怠速"指的是停驶状况下发动机热机后的正常转速，单位是"转/分钟"而不是"斤"。由于汽车怠速的高低在一定程度上将影响到耗油量，所以消费者通常比较关心这个问题。可是小刘作为汽车业务员连这个基本的常识也不懂，怪不得客户扭头就走呢。

在激烈的市场上，客户都希望同那些熟悉产品情况的业务员做生意。当你对产品知识了解得越深刻，客户对你的专业知识水平越信赖，也就越想和你签单。

说到这里，有的业务员可能要抱怨了，专业知识那么多，怎么记得过来呢？其实，并不是要求你把所有的专业知识都掌握，你只需要让自己看上去像个权威的顾问就够了，即面对客户的时候，不要"说得过多"，把客户最关心的信息说出来就可以了。

那么，如果你想成为一个出色的业务员，你必须具备什么样的专业知识呢？

首先介绍一下产品知识。

众所周知，当夏天来临的时候，存放在冰箱里的黄油会变硬，取出来难以涂抹在面包上。为了有效应对这种现象，美国一家公司发明了一种放在冰箱里的小型储藏箱，它可以让黄油一直保持松软。刚开始，公司上下对这项新发明充满了信心，可是产品上市一段时间后，销售业绩却不容乐观。

为了调查原因，这家公司的总裁特地去市场了解了一下情况。不久，他发现了业绩不佳的症结。原来，现场业务员在向客户介绍产品时，对它的功能描述得十分简单："能使黄油在冰箱里和别的东西分开存放"。由于对产品功能描述不完整，使得很少有客户对产品感兴趣。发现这个问题后，总裁立即指示人力资源部门加强业务员的培训，保证每一个人都清楚地了解这种储藏箱的特性和益处，并能够向客户做详细介绍。果然，一个月之后，来购买这种储藏箱的客户增加了不少。

作为一名合格的业务员，只有了解了产品才能向客户准确地介绍产品。不仅要把产品说明书读懂，必要的时候，还要亲自操作一下产品，或者试吃、试用产品。这样你对产品的特性、价值会有深刻的认识。在给客户推销、讲解时就更有说服力。

比如，你是一名洗发水业务员，见客户之前，不妨自己先试用一周，见面的时候再让客户亲手抚摸一下你柔顺光滑的长发，那么当你介绍洗发水的神奇功效时，客户一定会非常相信。

除了产品知识，再简单介绍一下行业知识。

王先生是一家外资洗车机企业的销售总监。一次，一位来自上海的大客户准备做王先生公司产品的上海独家经销商。那位客户是有备而来的，一落座就咄咄逼人地向王先生抛出了几个问题。"你的产品为什么售价一台5万，而市场上国产的同类产品才售价1万？既然你们的产品这么节水，那比用水洗车的机器好在哪里？这么贵的产品，而且是新的工作原理，怎么才能把它销售出去？"

聪明的王先生早已做好了周密的准备，他不慌不忙地说道："产品售价高，第一在于它非常节水，是市面上最节水的洗车机，洗一辆汽车只需要一杯水；第二在于它的主要零部件全部进口于德国、日本，精密程度可以使设备的寿命长达8年，比国产设备长两倍左右。国家刚刚出台了关于限制洗车用水的法规，节水是趋势。国家对于下岗职工从事环保产业有政策和资金的支持，我们可以请银行来做贷款支持，让下岗职工分期付款。您看还有什么疑问吗？"

王先生的回答，解除了客户所有的疑虑，他不住点头。不久之后，王先生拿到了一批300台洗车机的单子。

行业中有很多知识值得业务员去学习，比如：行业中的供应者和购买者有什么性质？客户对价格还是对服务更敏感？本类产品在同行业中可以找到替代品吗？新公司会进入这个行业吗？一旦把握准行业大势，就能够很好地对行业前景做出判断，面对客户的疑问也就能做出迅速的反应。

对于业务员而言，专业知识不仅包括产品知识、行业知识，还包括公司、竞争对手、客户以及环境等知识，只有认真学习、体会，才能尽快掌握其中的窍门，让自己在激烈的竞争中成为销售冠军。

4. 随时充电，应对变化

据英国技术预测专家马丁测算，人类的知识每三年就增长一倍。西方国家流行这样一条"知识折旧"规律："一年不学习，你所拥有的全部知识就会折旧80%。"

学习的最大好处就是：不断补充新的知识，通过学习别人的经验和知识，让自己在瞬息万变的世界中变得更加强大。

最优秀的业务员都是注重学习的高手，他们通过学习培养自己的能力，让学习成为自己的习惯，进而通过学习不断地超越自己。

在纽约恩迪克特的IBM教育中心的入口处，有一个大石块，上面刻着"教育永无止境"。创始人汤姆·沃尔森说："10个高级经理应该花费40%到50%的时间来教育和培训他们的下属。"

在IBM，学习无时不在。为了提高管理人员的素质，公司会定期对管理人员进行各种特殊技能的培训。内容主要集中于有效的沟通和人员的管理，也包括公司战略和其他企业关心的问题。再往后IBM会为那些经验丰富、资历较高的中级经理准备一些更难的课程。

沃特森曾做过业务员，他清楚地知道，企业的出路在于市场。而要在市场中取胜，则必须依靠熟悉市场、驾驭市场的人。所以，对于公司的业务员，他更是不遗余力地加以培养。他说："几乎每一种宣传鼓动都是为了激发热情……当初我们强调人与人的关系并不是出于利他主义，而是出于一个简单的相信自己：相信只要我们尊重群众，并帮助他们自己尊重自己，公司就会赚大钱。"

为了培养一支精干的销售队伍，沃特森经常亲自选人，并向他们讲授推销艺术，训练他们掌握产品知识，然后将他们派往全国。经过培训的业务员不仅了解市场，而且具有演讲才能和强烈的狂热感。

在这个信息膨胀、知识爆炸的时代，每个人既有的知识和技能很容易过时，拥有某种专门技术的人常常显得知识面狭窄，这种仅在单一技术方面片面发展的趋势，是非常不合适的。很多人都是因为没有进一步发展的专业能力而被他人超越，最后丢掉了原有的饭碗。因此一个人要"不断自我充电"，才能降低被淘汰的风险。

自我充电既是自我进步的需要，也是一笔划算的投资。对于一个身在职场的业务员来说，不断提高、学习新知识和每天保持干练的职业形象一样重要。即使有专业技能，也要不断地学习，补充自己的技能，才能与时俱进。

大名鼎鼎的西门子公司很重视员工的培训。该公司认为，职工技术熟练与否、技术专家的多少，是企业能否增加生产、保证产品质量、保持竞争能力、获取最大利润的关键。

为了提高员工的知识水平，1922年西门子公司建立了"学徒基金"。这一基金致力于培养能够迅速掌握新知识的工人。经过几十年的努力，公司先后培养出数十万的熟练工人。除了培养熟练工人，公司更注重员工的深造发展，近些年来，多次选拔熟练工人到相关工程学院学习深造，更有近十万名青年工人被送往五千多个技术学校、培训班、教育班接受再教育。

据行业统计，在德国同行业中，西门子公司的技术力量最为雄厚，车间主任以上领导人员都有工程师头衔，经理的领导层中技术人员达40%以上，熟练工人占全体职工的半数以上。这种对知识不断追求的执着精神，正是西门子公司打进世界市场的有力武器。

很多业务员认为自己现在干得不错，于是在精神上就松懈了，每天不求上进，扬扬自得，时间久了，自然会被后来者赶上，那么失败的日子也许就不远了。

香港首富李嘉诚认为，学无止境。他至今还有一个嗜好，就是每天晚上在睡前进行阅读，其中社科类和科技类的书籍多一点，还有哲学方面的书籍。通过阅读，他积累了很多的知识，吸引到非常多的优秀人才。

成功的企业家都懂得，只有不断地吸收新的知识才能在激烈的市场竞争中立于不败之地。作为一名业务员更应如此，为此必须树立以下几个学习观念：

终身学习观念：必须有学习的意识与观念，还必须具备学习的能力，学习是一个人一生的事，不可能有结束的时候。随时随地学习的观念：你不可能专门找出一段时间来学习，你必须利用一切业余、空闲时间来学习提高。广泛学习观念：向市场、对手、他人、朋友、同事、客户学习。标杆学习的观念：可以拿生活中、书本上的一个人、一个企业的成功之处当成自己的标杆，向他学习，并试图超过他，这样才能不断进步，标杆还可不断抬高。

有人说，人的能力就像电池一样，会随着时间和使用逐渐流失。所以业务员要想不让自己贬值，或者需要增加自身价值，不停"充电"是必须的。唯有不断地学习，不断地充实自己，才能使自己在职场中立于不败之地，才能永远跟上时代的步伐。

5. 诚信一些，你会有更大的收获

美国营销专家 L·赫克金曾说过这样一句话："要当一名好的业务员，首先要做一个好人。"所谓"做一个好人"，就是指做一个诚信的人。诚实守信是营销成功之本，也是赢得顾客最有效、最永久的方法。

美国著名的通用电气公司，一百多年来一直是业界典范、行业的佼佼者。在通用电气众多的企业文化积淀中，诚信，是其中最重要的一条。通用电气新上任的首席执行官杰夫·伊梅尔特在致员工的信中强调："对于我们的后继者，我们必须保持并加强一百多年来通用电气赖以成功的基础——通用电气对诚信的承诺。"其前任杰克·韦尔奇在致员工的信中说："无论是为了创造业绩，还是为了提高竞争力，都不能使我们在诚信的承诺上有任何妥协。"在通用电气，所有新员工都要参与诚信的培训，这也是通用电气各个部门贯穿始终的举措。

销售的最高境界是赢得人心，一旦赢得人心，成交必将水到渠成。对于销售行业来说，诚信是最好的名片，经营好诚信就是经营好自己的未来。

南京冠生园是一家有着七十多年历史的老字号，在食品界，这是块响当当的牌子。长期以来，许多顾客也认准了这块牌子。但是2002年，南京冠生园食品公司却被曝光用旧年的陈馅生产月饼。这一黑幕被揭开之后，冠生园集团始终没有向消费者做任何形式的道歉。这些做法不仅令消费者寒心，也更加损害了其自身信誉。后来，南京冠生园食品公司因丢失诚信、无法经营，不得不申请破产。

南京冠生园本来拥有一批忠实的拥护者，但是由于欺骗消费者，最终被消费者遗弃。由此可见，诚信对于一个企业来说至关重要。

安利作为一家诚信经营的企业，始终要求业务员在销售活动中以严谨务实的态度和认真负责的精神介绍产品、服务顾客，不允许对产品的性能做夸大、失实或引人误解的虚假宣传。在公司看来，业务员进行销售活动的根本，在于通过销售活动建立起个人的诚信体系，培育与顾客之间良好的互信关系，以此获得持久稳定的经济效益。因此，销售成交固然重要，达成成交的方式也非常重要。只有用心经营，诚信销售，才能避免"一锤子买卖"，建立起忠实的顾客群体。

某知名企业家说过："优秀的销售代表必须为产品说实话，他必须承认，产品既有优点也有不足的地方。"在市场中，任何一种产品在存在优点的同时，都不可避免地会存在一些缺点。一位优秀的业务员的做法是不要夸大产品的性能，而是应该正视产品的缺点，敢于承认，敢于面对，不要执意隐瞒。

小张是一家商场的服装业务员。有一次，一位客户看上了一款黑色的风衣，可发现有很多褶皱，就打算放弃。

小张非常机灵地说："先生，非常对不起，这的确是我们的进货过程中的一点失误。这样吧，我给你优惠一点，给你打九折。"

客户想了想，点点头，小张继续说："其实，这只是一个小问题，我们平时穿久了的衣服也不这样吗？我给你免费处理一下，不会影响外观的。"客户笑着答应着。

小张很聪明，她看到客户有购买的意向，之所以抓住衣服存在的一点瑕疵不放，就是想以此为筹码压低价格。她明白了这点，对于产品的瑕疵敢于承认，及时给客户做出免费的处理。如此一来，客户自然被她的诚实所打动。

很多业务员在推销过程中，都会遇到特别挑剔的客户。这个时候，无论自己所推销的产品是否存在缺陷，最重要的一点就是摆正态度，明确自己产品的优劣势在哪儿。并且在承认缺点的情况下，积极用产品的优势去弥补弱项，争取让客户购买产品。

弗兰克是美国有名的"销售大王"。有一次，他负责销售一种新式牙刷，几个月下来，销售业绩很不错，很多人疑惑不解，因为按照惯例，在激烈的日常用品市场上，新上市的产品不经过半年的宣传造势是很难获得好的销售额的。

原来，与其他人一味地"吹嘘"的战术不同，他采用了"诚信"战术：把新式牙刷和旧式牙刷都给客户的同时，再给客户一个放大镜。然后他对客户说："您用放大镜看看，自然会发现两种牙刷的不同。"

据说，一位羊毛衫批发商从弗兰克那里学到了这一招。每当客户对产品质量或价格产生怀疑，犹豫不决时，他就从身上掏出放大镜递给客户："在您还没有做出最后决定之前，请您用放大镜看看这羊毛衫的工艺和成分吧！"还别说，他这一招也非常奏效，不多时，他就击败了很多售卖衣服的同行。后来，他高兴地说道："自从用了让客户亲自鉴别这个方法后，我再也不用费尽口舌向客户解释我的产品为什么价位偏高了，我的销售额也开始直线上升。"

而对于业务员来说，诚信对你的职业生涯发展尤为重要。因为诚信是你最好的名片，经营好诚信就是经营好自己的未来。诚信可以使你的客户关系纵向加深，使已有的客户成为战略客户；诚信也能口口相传，使你的客户关系横向延伸，发展越来越多的新客户。反之，业务员如果不讲诚信，只做一锤子买卖，则会使自己的职业道路越走越窄，甚至自毁前程。

有的业务员认为，遇上不懂行的客户可以坑蒙拐骗一下，实际上这种想法很幼稚。因为在产品同质化现象越来越明显、资讯也越来越透明的今天，绝大多数客户都变得更加谨慎和聪明，有些客户甚至比业务员更精通产品知识。有时，即使客户由于一时不了解真实情况而受骗，也绝不会持续太久。

所以，永远不要低估你的客户甚至把客户当傻子，如果你仅仅希望靠一时的蒙骗或小聪明将眼前的订单顺利拿下，那么你永远不可能成为一名优秀的业务员。

6. 千万注重自己的名声

名声是什么？它是一块招牌。有了好名声的人，他的名字含金量高，大家都乐意跟他合作，省了沟通、磨合的成本。相反，一个名声不好的人，众人也一定会离他而去。

《郁离子》中曾记载了一个故事：一个商人不慎落入河中，他大声求救。有个渔夫闻声而至。商人大声疾呼："我是济阳最大的富翁，你若能救我，给你一百两金子。"可是渔夫把他救上岸后，商人却翻脸不认账了。他只给了渔夫十两金子。渔夫很生气，说他不守信。富翁说："你一个打鱼的，一生都挣不了几个钱，突然得十两金子还不满足吗？"

渔夫听了这话只得扫兴而归。不幸的是，后来那位富翁又一次落水了。这次，岸上有个人想去救他，那个曾被骗过的渔夫劝阻道："他就是那个说话不算数的人！"于是商人被淹死了。

在这个故事中，商人失信于人，一旦遭难，只有坐以待毙。虽然渔夫的道德水准有待商榷，但是我们可以肯定的是，不注重经营自己名声的人，一定会遭人诟病，不受欢迎。

对于业务员来说，经营好自己的名声尤其重要。业务员在做人方面得到了别人的认同，有一个好名声，自然容易得到众人的追捧，赢得商业伙伴的机会也就会更大。

马克是当地小有名气的代理商，他为人热忱，善于沟通，所以业务越做越大，许多人都慕名而来与他合作。

有一次，一位广告商前来洽谈生意。马克想得十分周到，派服务员在地下电梯门口等待，把这个人接到了楼上。

恰好那天下雨了，广告商被雨水淋湿了，马克看到这种情形，连忙帮他脱下外衣，并亲手挂在旁边的衣架上，根本没有大老板的做派。

无论对待生意上的合作伙伴，还是对待身边的员工，马克都平易近人，为人处世让各方都满意。这帮助他在生意上取得了更大成就，事业蒸蒸日上。马克的成功心得是，要照顾对方的利益，这样人家才愿与你合作，并希望下一次合作。马克为什么业务上蒸蒸日上，显然与他会做人做事有很大关系。善于与人相处，懂得经商之道，有了好名声自然容易得到他人的认同。如果客户提到你的名字，总是挑起大拇指，你想不赢单也难。

　　真诚、热心、不欺骗、努力工作、与人为善、遵守诺言，是一个成功的业务员应该具有的品质。只有注重自己的名声，才能在激烈的销售市场中赢得客户的青睐。

　　李嘉诚，只有初中教育背景，曾经做过茶楼的跑堂，五金厂的业务员，经过几十年不懈的奋斗，成为商界的风云人物。

　　有香港媒体说，他的成功是一个年轻小伙子，赤手空拳，凭着一股干劲儿勤俭好学，刻苦勤劳，创立出自己的事业王国的故事。

　　但是，李嘉诚却认为，自己事业有成的真正原因是"懂得做人的道理"。他说："要想在商业上取得成功，首先要会做人，因为世情才是大学问。世界上每个人都精明，要令人家信服并喜欢和你交往，那才是最重要的。"

　　创业初期，李嘉诚生产塑胶花，当时有一位外商打算找他订购大量的塑胶花。不过，外商提出一个条件：必须有实力雄厚的厂家作担保。

　　年轻的李嘉诚白手起家、没有任何背景，这对他来说，无疑是一个巨大的挑战。但是，他还是硬着头皮，上门求人为自己担保，可是几天过去了，没有一家大厂家肯为他做担保。眼看着生意就要黄了，他很失落，但是不得不向外商述说了实情。

　　他的诚实打动这位外商："说实话，我本来不想做这笔生意了，但是你的坦白让我很欣慰。可以看出，你是一位诚实君子。诚信乃做人之道，也是经营之本。所以，我相信你，愿意和你签合约，不必用其他厂商做担保了。"

　　可是，让外商吃惊的是，李嘉诚竟然拒绝了他的好意："您这么信任我，我非常感激！可是，因为资金有限，我确实无法完成您这么多的订货。所以，我还要遗憾地说，不能跟您签约。"

这一次李嘉诚的诚实形象在外商心中越发高大。于是，他当即决定，即使冒再大的风险，也要与这位诚实做人、品德过人的年轻人合作一把。最后，李嘉诚在这位商人的全力支持之下，完成了大订单，获得了丰厚的回报。

作为一名成功的业务员，光有聪明的头脑是远远不够的，还必须在客户心中树立一个好的名声。李嘉诚在商业上的成功，与其说来自精于计算，还不如说是名声上的胜利。他的真诚为他赢得了好名声，进而广结善缘，广开财路。

乔·吉拉德说过这样一句话："所有最重要的事情，就是要对自己真诚；并且就如同黑夜跟随白天那样肯定，你不能再对其他人虚伪。你可以在部分时间欺骗所有人，或者在所有时间欺骗部分人，但永远不可能在所有时间欺骗所有人"。世界上没有永远不被揭穿的谎言，真诚待客才能长长久久。

吉拉德了解客户心目中关于业务员的恶劣形象，他更加努力要做一个对客户讲诚信，并让客户可以信赖的业务员。

"说真话"使他成为世界上最伟大的业务员。他总是面对面地非常诚恳地对每一个客户说："我不仅站在我出售的每一部车子后面，我同时也站在它们的前面。"

虽然许多客户告诉吉拉德，他们可以在别的地方找到更便宜的车子，但是他们还是紧跟着吉拉德，原因是吉拉德对客户很诚实，他值得客户永远信任。

销售是一项与人打交道、赢得信任的工作。对于业务员而言，懂得做人，谦和处世，与人为善、遵守商道，树立一个好名声，会帮自己在激烈的市场竞争中夺取属于自己的一片坚固阵地。

7. 如何应对客户的拒绝

在进行销售活动的过程中，很多业务员都能把有礼有节做到前面，但是能够一直保持下去的人却很少。据研究表明，70％的业务员在被客户拒绝后很难依然保持君子风度。其实，这种现象在实际销售中非常普遍，一开始向客户推销产品时，绝大多数业务员都能够做到彬彬有礼，礼貌有加；但是当生意没有谈成时，很多业务员原形毕露，对客户态度变得冷淡，甚至于不屑与蔑视。

最优秀的业务员深知，面对客户，有礼节地走近、有风度地离开是最优雅的姿态。

小邓是一家大型造鞋厂的一名业务员。由于工厂新生产出了一批运动鞋，总经理便召集业务员们到各处寻找经销商。一天，小邓去拜访经销商王总。

小邓："您好，我是一名××公司的业务员，我们公司新生产了一批运动鞋，希望我们有合作的机会。"

王总："我们现在有很多供应商，现在没有增加合作伙伴的计划。"

小邓："好的产品总能在市场上立足，我们公司新开发的这种运动鞋具有特色，你可以先了解一下，说不定正是您需要的。"

王总："负责人不在，说不需要就不需要。你走吧，我很忙。"

小邓："正因为你是这里的经理，才有责任为整个公司的经济效益着想，为来这里的消费者提供最好的产品和服务。"

王总："那你先留一张名片吧，有需要我会联系你。"

王总的话刚说完，小邓就意识到生意一定是泡汤了，心想干嘛还在这儿浪费时间？顿时脸上的笑容也消失了，把名片往桌子上一丢，连句再见也没说就急匆匆地离开了，甚至办公室的门也没记得随手关上。

小徐也是这家服装厂的业务员，为了寻找经销商，他每天都奔波在拜访客户的路上。有一次，他被经销商刘总邀请到其公司进行参观、考察，期间刘总多次提出想要购买小徐的产品。小徐心中暗喜，这个单子已经离成功越来越近了。只要刘总签字，一切都会搞定。

但是让他失望的是，刘总在带他参观完公司之后一直没有提合同的事。回到办公室，刘总告诉他暂时不能签合同，小徐听到这个消息心里凉了半截，有点不知所措。他本想再三解释一下的，但是从刘总坚定的眼神中他看出这笔生意没戏是确定无疑的了。

生意没做成令小徐十分失落，但他很快调整了过来，微笑着对刘总说："今天谢谢您的热情款待，虽然这次咱们的生意没能做成，但是我从贵公司学到了不少东西，也是值了，希望下次我们还有合作的机会，再次谢谢您的热情招待！"说完礼貌地与刘总握手道别。临走时，又转头向刘总深深地鞠了90度的躬。这一切都被刘总看在眼里，放在心里。

不久，小徐接到了刘总打来的电话。在电话中，小徐才知道，有许多供应商都想和刘总做生意，就在小徐之前，刘总有意和一家实力雄厚的供应商合作。但是，小徐回头那一鞠躬深深地打动了刘总，于是他改变了自己的想法。

难道产品没有推销出去，生意没谈成就可以对客户另眼相看吗？答案是否定的。无论结果怎么样，作为业务员都要对客户保持最基本的礼貌。

面对客户的拒绝，业务员绝不能与之争论。当客户提出反对意见时，业务员要用平常心，客观、冷静地对待客户的拒绝，表现出一种大将风度。因为对业务员而言，赢得了争论或许就意味着失去了客户。所以，一旦被拒绝，一定要后退一步。比如，业务员可以微笑着对客户说："或许您的意见是正确的，请允许我先告辞，回去再想一下，好吗？"

总而言之，所有的推销都是从被拒绝开始的，而成交的机会总是在一次又一次的拒绝后才出现的。因此，面对客户的拒绝，业务员要从容应对，冷静地找出原因、分析利弊，千万不能因此而灰心丧气，而要培养自己无所畏惧的推销精神，学会同"拒绝"打交道，面对无数次的闭门羹，要有再来一次的勇气，只有这样，推销才会获得最终的成功。

下面就具体谈谈几点应对之策：

（1）如果客户说："我现在没空！"业务员就应该说："先生，美国富豪洛克菲勒说过，每个月花一天时间在钱上好好盘算，要比整整30天都工作来得重要！我们只要花25分钟的时间！麻烦你定个日子，选个你方便的时间！我星期一和星期二都会在贵公司附近，所以可以在星期一上午或者星期二下午来拜访你！"

（2）如果客户说："我没兴趣。"那么业务员就应该说："是，我完全理解，对一个谈不上相信或者手上没有什么资料的事情，你当然不可能立刻产生兴趣，有疑虑有问题是十分合理自然的，让我为你解说一下吧，星期几合适呢？……"

（3）如果客户说："抱歉，我没有钱！"那么业务员就应该说："先生，我知道只有你才最了解自己的财务状况。不过，现在做好全盘规划，对将来才会更有利！我可以在星期一或者星期二过来拜访吗？"或者是说："我了解。要什么有什么的人毕竟不多，正因如此，我们现在开始选择一种方法，用最少的资金创造最大的利润，这不是对未来的最好保障吗？在这方面，我愿意贡献一己之力，可不可以下星期三，或者周末再来拜见你呢？"

（4）如果客户说："要做决定的话，我得先跟合伙人谈谈！"那么业务员就应该说："我完全理解，先生，我们什么时候可以跟你的合伙人一起谈？"

……

古人云："买卖不成情义在"，如果我们失去一次做成一笔生意的机会，那么，这次访问的投入，我们不是可以收获好的感情交流吗？这一次的不成功，自然可以成为下一次成功的伏笔，把一个良好的印象深深地刻在客户的脑海里，它甚至比做成一笔生意重要得多，因为生意永远是做不完的。

8. 自信、勇敢是成功销售的法门

拿破仑·希尔说过："有方向感的自信心，令我们每一个信念都充满力量。当你有强大的自信心去推动你的致富巨轮时，你就可以平步青云。"美国前总统里根曾说："创业者若抱有无比的自信心，就可以缔造一个美好的未来。"有人问靠少量资本创业起家的世界酒店大王希尔顿成功的秘诀是什么时，他微笑着回答说："信心。"自信是所有伟大的人士取得成功的法宝，也是成为一名伟大业务员所必备的特质。

自信，才会做出更大的成绩。业务员只有对自己充满信心，对自己所在公司和所销售的产品信心十足，才会在销售工作中积极地争取、执着地奋斗、勇敢地面对，充满无尽的激情和动力，这就是信心的力量。

25岁的原一平初入推销界时，身无分文，处境可谓惨淡不堪，更糟糕的是，他身高仅1.45米，又小又瘦，横看竖看，实在缺乏吸引力。但是在那段艰难的日子里他并没有自怨自艾，而是微笑着面对每一天。

为了能够使自己的微笑看起来是自然的、发自内心的真诚笑容，他曾经专门为此训练过。他假设各种场合与心理，自己面对着镜子，练习各种微笑时的面部表情。因为笑必须从全身出发，才会产生强大的感染力，所以他找了一个能照出全身的大镜子，每天利用空闲时间，不分昼夜地练习。

有一次，他前去拜访一位客户。之前，他曾了解到此人性格内向，脾气古怪。见面后果真如此，有时他们谈得正欢，这位客户却突然烦躁起来。

"你好，我是原一平，明治保险公司的业务员。"

"哦，对不起，我不需要投保。我向来讨厌保险。"

"能告诉我为什么吗？"他微笑着说。

"讨厌是不需要理由的！"客户忽然提高声音，显得有些不耐烦。

"听朋友说你在这个行业做得很成功，真羡慕你，如果我能在我的行业也能做得像你一样好，那真是一件很棒的事。"原一平依旧面带笑容地望着他。

听他这么一说，客户的态度略有好转："我一向是讨厌保险业务员的，可是你的笑容让我不忍拒绝与你交谈。好吧，你就说说你的保险吧。"

原来是这样，客户并非真的讨厌保险，而是不喜欢业务员。看到问题的实质后，事情就好办了。在接下来的交谈中，原一平始终都保持微笑，客户在不知不觉中也受到了感染，谈到彼此感兴趣的话题时，两人都兴奋地大笑起来。最后，客户愉快地在单上签上了他的大名并与原一平握手道别。

原一平身材矮小，毫无气质可言，但是这一切并没有打垮他。相反愈挫愈勇的他，内心时刻燃着一把"永不服输"的火焰，凭着"我不服输，永远不服输""原一平是举世无双、独一无二的"的超自信自强心态，成功地用泪水和汗水造就了一个又一个的推销神话，最终成为日本保险推销第一人。

业务员和客户会谈时，言谈举止若能流露出充分的自信，则会赢得客户的信任，而信任，则是客户购买你的商品的关键因素。在导致一个业务员失败的消极态度中，罪魁祸首就是他先对自己失去了信心，认为自己无法将商品售出。

对于刚进入销售行业的新人而言，做销售是一件很辛苦的事情，你对行业不熟悉，对顾客消费习惯不了解，所有的一切都需要你从零开始。有时候你一天要和十几个甚至几十个潜在顾客交谈，还要忍受对方的抱怨和粗暴的拒绝，时间久了你的自信心遭受严重的打击，再也不敢主动敲开客户的门了。

但是你一定要知道，在销售行业，被客户拒绝是常有的事，安利的

"直销天皇"中岛薰在给自己的101个信条里，就有着这样的一句话：
"你已经接受了很多销售活动的训练，具备了对消费者促进销售的能
力……然而，你还是会有失败的时候，被拒绝是不能避免的，所以，在
你还没有离开销售这个行业的时候，一定要告诉自己：没有'不被拒绝
的销售尖兵'，只有'不畏拒绝的销售冠军'。"

自信的业务员坚信："我一定会成为公司的第一名"，面对失败他们
会面带微笑，"没关系，下次再来"。世界最伟大的业务员乔·吉拉德便
是这样的一个人。

小时候，乔·吉拉德的父亲总是给他灌输一种消极的思想——"你
永远不会有出息，你只能是个失败者，你一点也不优秀。"这些思想令
他害怕。而他的母亲却相反，她给他灌输的是一种积极的思想："对自
己有信心，你绝对会成功的，只要你想成为什么，你就能做到。"

35岁之前的乔·吉拉德是个失败者，那时的他似乎更相信父亲的说
法。但是35岁之后，他明白了："信心能够产生更大的信心！"

35岁那年，由于事业失败、负债累累，他不得不到一家汽车经销商
去当业务员。当时经理见吉拉德貌不惊人，并没打算留下他。

但是乔·吉拉德却语出惊人："经理先生，假如你不雇用我，你将
犯下一生中最大的错误！我不要有暖气的房间，我只要一张桌子，一部
电话，两个月内我将打破你最佳业务员的纪录，就这么约定。"

经过艰苦的努力，在两个月内，他真的做到了，他打破了该公司销
售业绩纪录。三年之后，他又成了世界上最伟大的业务员。

自信是一种积极向上的力量。想象一下，当你衣着整齐，挺胸昂

首，笑容可掬，礼貌周到地面对客户时，客户能不被你的自信所感染吗？而且如果你对自己和自己的商品充满了自信，那你自然就会拥有一股不达目的誓不罢休的气势。

9. 坦诚销售，不要隐瞒产品的缺陷

有人说过，优秀的销售代表必须为产品说实话，他必须承认，产品既有优点也有不足的地方。但是在实际销售中，一些业务员为了尽快实现成交，往往会把产品的优势说得天花乱坠，而对于产品固有的缺陷和不足，他们则会百般掩饰和隐瞒。可是，这种做法往往会适得其反，因为一旦客户发现真相，即使业务员再做多少解释，都很难挽回客户的信任。

张琳在一家商场做服装业务员。有一天，一位顾客在购买衬衣时，发现领口、袖口有很多褶皱，于是就打算放弃。但是张琳，为了能做成这笔生意，硬是缠着顾客让其购买，并企图隐瞒服饰上存在的缺陷。

"小姐，这款上衣的确不错，而且这些褶皱无关大碍，是由于长时间积压造成的，回去熨一下即可。"张琳笑着说。

顾客："新衣服一熨就跟旧的似的，这样多影响形象啊。"

张琳："小姐，实在抱歉，这是最后一件了。"

顾客："那你们什么时候进新货，我再来买。"

张琳："最早也在两天后……"

这位顾客借故离开。

在销售的过程中，如果业务员忽略了商品的缺陷，只会让自己的推销工作变得更加艰难。因为这是一种欺骗行为，也许客户已经知道这个缺陷，但你在介绍的时候并没有明说，对方会认为你在有意隐瞒，势必导致你的信誉丧失。所以，永远不要把产品的缺陷当作一项秘密。

当然了，要承认产品的缺陷并非就是简简单单地将所销售产品的所有问题都罗列在客户面前。因为有时候，尽管业务员已经将产品的所有真实信息都坦诚给客户，但是客户仍然认为你讲的话有水分。还有一些时候，当业务员冒冒失失地将产品的某些缺陷告诉客户的时候，客户会因为接受不了这些缺陷而放弃购买。由此可见，销售过程当中固然要对客户保持诚信，勇敢地正视产品的缺陷，但是掌握一定的技巧也是必须的。

1. 主动说出一些小问题

从来就没有完美无缺的产品，客户尤其深信这一点。为了打消客户的疑虑，业务员可以主动说出一些有关产品缺陷的问题，说这些问题的时候，态度一定要认真，让客户觉得你足够诚恳，但是这些问题的内容一定要是无碍大局的，对方可以接受的。

2. 把产品产生问题的原因讲清楚

产品存在问题，尤其是被客户提出来之后，一定要把产生这种问题的原因解释清楚。比如提醒客户：这些缺陷有的是为了突出优点而不可避免的；有的是客观原因造成的，完全可以改变的；有的虽然不能马上改变，但是通过努力也可以得到完善。

3. 实话巧说

在告诉客户真相时，业务员也并不是要在任何情况下、对任何事情都实话实说。有些问题业务员虽然可以说出，但也不能一股脑全部抛出；有些问题是业务员不能如实说出的，如商业机密等。所以，在客户对你提出任何问题之前，你要对每一个主要的不利点做好心理准备，将缺点巧妙地当着客户的面提出，从而将其转化成优点。

被誉为业务之神的汤姆·霍普金斯曾经有过这样一次成功的销售经历。

当时，房产公司在洛杉矶西北部开发出20幢房屋。但是经过数年之后，还有18间房屋没有售出，原因是距离这批房屋20英里远之处便是铁路，24小时之内火车会经过3次，很多客户不堪忍受噪音的折磨。

听闻此消息后，汤姆·霍普金斯主动向开发商提出担任此批房屋的业务员。一开始开发商不同意，认为他会低价销售自己的房屋。但是汤姆·霍普金斯却回答说："不，恰恰相反，我建议你每户抬高售价20美元。还有一点，我会在这个月之前将整批房子卖出去。"

开发商感到不可思议，但是一个月之后这18套房子确实被抢购一空。

那么汤姆·霍普金斯究竟是怎么做到的呢？

原来，他用高出的售价——20美元，为每户买了一台彩色电视机。要知道，在那个时候，拥有一台彩色电视机是一件十分了不得的事，绝大多数人都还只有黑白电视机可看。

接着，他让工作人员在每栋房屋的前面挂上一个牌子，上面写着："此栋房屋拥有非凡之处。敬请参观。"

然后他开始在每天的早上10点和下午3点带领一批又一批的客户来房间参观。注意这个时间点的选择。因为在这之后的5～7分钟，火车会从路旁"隆隆"驶过。

下面来看看他是怎样推销的吧！

"我要各位在这个特别的时刻进来参观，是因为我们罗斯利路上的每一栋房子都有着独一无二的特点。首先，我要你们听听看，然后告诉我你们听到了什么。"汤姆霍普金斯问道。

"我只听到冷气的声音。"有人回答道。

"没错，但是如果我不提出来，你们也许不会注意到这个噪音，因为你们早已习惯冷气机的声音了。然而，我很确定当你们第一次听到它时，这个声音一定会引起你的注意。你会发现，一旦习惯了噪音之后，它们就不会对我们造成困扰。"汤姆·霍普金斯笑着说。

这时，他迅速转身将电视打开："想象一下你和你的家人坐在这里，观看电视的情形。"不一会儿，火车"隆隆"驶过。每个人都很清晰地听到了火车的声音。

这时，汤姆霍普金斯抓住时机："各位，我要让你们知道，火车一天经过3次，每次90秒钟，也就是一天24小时中共有四分半钟的时间火车会经过，现在，请问问你们自己：我愿意忍受这点小噪音——我当然会习惯的噪音，来换得住在这栋美丽的房子中，并且拥有一台全新的彩色电视机吗？"

任何商品都存在一些缺陷，这些缺陷往往对你的推销存在着诸多不利的因素，甚至多数时候，它会成为你推销失败的罪魁祸首。但是，只要你能够充分地利用这些不利因素，你就能扭转乾坤。

第六章

业务之神的成交技巧：
有时候，你需要拒绝客户

1. 几招搞定对方的砍价

业务员们都有这样一个感受：客户的"讨价还价"就像一支美丽却让人心碎的恋曲，永远伴随自己左右。为了吸引客户，业务员们一味地降价，而客户则动辄以价高为借口"移情别恋"其他的卖家，为了挽留客户的"芳心"，业务员最终还是不得不忍痛割"利"。但是这样真的是长久之计吗？

如何巧妙地避开客户讨价还价的怪圈呢？

（1）最直接的方法莫过于直接标价

在商场、专卖店经常会出现这样的标语："本店商品，概不还价"。如果有顾客在购物时想还价，业务员会很礼貌地指出："对不起，我们这里谢绝还价。"这样，轻松地避免了与客户讨价还价的一场口舌之战。

在标价的同时，业务员要坚守底线，以产品的优势为诱导，反复说理，让客户觉得产品物有所值。向客户说明定价理由，比如原料配方独特、加工工艺先进、广告促销有力，表明"高价"原因，让客户感知确实是一分钱一分货，物超所值。

　　王晓亮是一家高级家具公司的业务员。一天早上，一位顾客来卖场看家具，转了几圈之后，指着一套沙发上的标价，皱着眉头对王晓亮说："10万元，这沙发也太贵了吧！"王晓亮看了这位顾客一眼，微笑着对他说道："你想知道是什么原因吗？其实家具不像其他东西，看表面不一定能判断出质量好坏，您看很多家具大体上都一样，但是我带您看看细节，您就会知道有很大不同了……"说完便带着这位顾客看沙发的漆面、封边部分、沙发的针脚等细节部分。陪着客户看完这些之后，王晓亮又说道："我买东西也和您一样，重点还是要考虑价格。不过现在我们还是先看看产品是不是适合您吧，您满意的话我们再谈，好吗……"这位顾客又仔细看了看沙发，还用手摸了摸。王晓亮顺势又笑着说："产品好才贵嘛，任何一个产品都不可能品质最好又最便宜，对吧？一分钱一分货啊……"见客户没了声音，王晓亮又开口道："价钱是你唯一考虑的问题吗？您觉得什么方面贵？买家具不比买其他产品，不好可以随便换。您想想，一套家具你少则用几年，多则用十几年，有时候如果仅仅因为便宜就去选择可能会选错。我有时就会因为省钱买错了东西，结果回家就后悔了……"

　　"东西确实很好，可是有点贵了，您要是降价，我就买一套。"这位顾客仍然想压低价格。王晓亮知道，这位客户已经看中了这套沙发，于是他微笑着说道："我完全了解您的感觉，很多顾客和您一样，第一次看到我们的价格也觉得比其他品牌好像稍微高了点，但是他们后来发现我们的产品真的物有所值……说实话，现在竞争本来就很激烈，每个顾客都在比较价格。如果我们的产品真有您说的那么大的利润空间，厂家早就可以降一点儿价了，何必还这么给自己找事儿，您说是吧？不是不降价，是为了保证质量不能降价……我们没有办法给您最便宜的价格，但是我们可以给您最合理的质量保证和最完善的全程服务……您觉得呢……"一番话说得顾客无言以对，虽然很不情愿，但是最终这位顾客还是掏钱买下了这套沙发。

当然，实施这种直接标价的办法必须有一个前提，那就是产品本身过硬，很时兴，很走俏，销量很好，不会因为价格高低而直接影响到顾客的最终购买。否则，就会拒客户于千里之外。

（2）进行多重报价，圈定范围，让客户无还价的理由

何为多重报价？多重报价的含义，就是给客户三种选择方案，而不是只有一种。如果只提供一种方案，客户就会本能地想着还价。而如果从低到高给出三种方案的报价，客户的注意力便会从"我要还价"转移到"哪种方案更合适"上。客户会开始思考：第三种方案价格太高，第一种提供的价值又不够充足，还是第二种最合适。

在报价方式上，业务员应注意以下几点。

报最小单位的价格。例如啤酒报价，通常报1瓶的价格（一块五角），却不报1箱的价格（三十六元），正是这个道理。因为整箱报价不易换算成单价，而且整箱价目大，一时之间会给人留下高价的印象。

报出平均时间单位内相应的价格。比如：一种减肥药一盒285元，很多人会嫌其售价太高，这时，我们可以跟其细算一下，一盒三十粒，可服三十天，平均每天只需花9.50元。

不报整数价。多报一些几百几十几元几角几分的价格，尽量少报几百几十这样的价格，一来价格越具体，越容易让顾客相信定价的精确性。

业务高手告诫新人，要让顾客清楚他已经享受到了最低价格，不要说类似"如果再低就要找经理商量了"之类的话，让顾客感到还有降价的空间。

（3）赠送礼品

客户一般都有贪小便宜的心理，有时候业务员可以在不降价的情况下，多送些其他东西，送附加值的东西，比如超市优惠券、电影折扣卡。

（4）给客户戴高帽子，堵住他的嘴

有的顾客并不觉得产品贵，说"贵"完全是习惯的口头禅，目的一是为了砍价、二是享受讲价的乐趣和讲价成功的成就感。

"其实我一看就知道，像您这样的顾客，只要产品好，价格对您来说应该不重要的……"

"碰到您这个内行，我不用多解释，您都能判断到底值不值了……"

"人不一样，使用的产品肯定就不一样，像您这样的顾客，肯定要买这种档次高的家具。"

史玉柱认为，降价是毒药。他曾说："你降一次之后，第二次必须比第一次的幅度还大。降一年之后，虽然季度收益是增加的，但是给出去的经验代价是天文数字。"

他说："我一直反对降价促销，脑白金11年没有降过价。"他曾经看过一个统计，世界各种有名的厂商，还未有一个案例是因为降价而增加了总销售额。降价后，总销售额下降和产品死掉的案例比比皆是。

在很多时候，面对客户的讨价还价，很多业务员都害怕客户一怒之下取消交易，于是把自己的底线一次又一次地压低，实际上，这样做，不仅自己的利润空间大大缩减，而且会降低产品的档次，毕竟"便宜无好货"嘛。其实，不降价并不一定会给客户带来愤怒，而往往给客户能够带来信心。所以，销售新人们不妨做一回强硬派，咬定价格不放松吧！

2. 上赶着不是买卖

在很多业务员的眼中，做销售无非就是把产品推销出去。于是见着客户，就直截了当地让别人购买自己的产品，客户不买，还死皮赖脸地揪着不放，直到把客户给磨得没精神了才肯放手。虽然最后，自己美滋滋地完成了这次的销售任务，但是坏名声已经留下，下次客户见着你都唯恐避之不及，你又怎么还能赢得客户的心呢？

陈勋的母亲上星期一个人在家的时候，被业务员强卖了一台净水器，现在不想要了，但是对方不给退货。

陈勋说，当天因为需要照顾生病的女儿，他和妻子都去了医院，而他的母亲年岁已大，就一个人留在家。晚上他回家时，发现家里竟然装上了一台净水器。

后来，他仔细询问母亲才知，原来是有业务员上门，将净水器"强卖"给了母亲。

"这些人，非要让我买他们的东西，说什么城市水污染严重，还非要给我安装上，我拗不过他们。"陈勋的母亲无奈地回应道。

"我母亲今年80岁了，脑子不是很清楚，很可能是轻信了业务员的话，掏钱装上了这台净水器。"陈勋非常气愤地把这件事告诉了记者，记者了解发现，多户家庭也遭遇了相同的事情，大家对此强买强卖的行为十分愤慨。

销售新人都很清楚，业务员的工作就是卖东西。于是当有客户停下脚步挑选商品的时候，很多业务员就会不自觉地想：一定要把东西卖出去，然后开始和顾客攀谈。但是你越是想卖给客户，客户就越觉得有压力不愿意购买。

有经验的业务高手知道，做销售就是给客户讲述商品的故事。任何一件商品都有它的"历史"，给客户讲述商品的"历史"是业务员的首要工作。因为，虽然客户被吸引停下脚步，但到他真正购买产品还需要一定的心理准备。而这个期间，业务员对产品故事的介绍将会非常重要。如果你一味地用商家惯用的宣传台词去介绍的话，客户根本不会对你的话产生兴趣。

赵刚是一家新日电动车专卖店的业务员。这天，一个四十多岁的客户来他店里看货。

"电视上广告比较多的都是新日、爱玛、雅迪，你们都有啥区别？"客户问道。

赵刚："大哥，你这么一问就知道你关注过电动车，看来你比较专业。什么新日品牌是中国驰名商标、中国免检产品、奥运会世界博览会指定电动车啦，这些我都不用多讲，今天我就给你讲个事。前天，就是我们店隔壁的张大爷来买车，你一会儿还可以看到他。他不懂车，来了就问我这个牌子咋样，我给他说：'大爷，牌子好不好，不是自己说的，是顾客自己检验的，骑得人多的不用说也是好牌子。'于是，我让他搬个凳子坐路边数数，过去的电动车有多少是新日的。老头挺实在，果然就搬个凳子坐在我们店门前，一辆一辆地数起来，不到3分钟的时间，就过去了20多辆新日牌电动车。这老爷子二话没说，就推走了一辆。"听完赵刚的故事，这位客户点了点头，不一会儿就买走了一辆。

想必，谈过恋爱的人都知道，一旦恋爱了就很想知道对方的事情，不管多细小的事都想了解。客户也是一样，对一个产品感兴趣就会越发地想了解它。比如想知道"它的原材料是什么呢？有什么特征啊？""是谁制造的呢？""产品有没有传奇历史呢？"

每件商品背后都有很多的故事。一个巧妙的"好"故事，可以让客户流连忘返。事实表明，一个好的产品故事，可以极大地加深业务员与客户之间的良性情绪互动，进而提升客户的满意度，让客户的忠诚行为成为可能性。无数知名品牌的故事也极有力地证明了这一点。

"钻石恒久远，一颗永留传。"这是DTC钻石的广告语。将钻石跟坚贞的情感关系连接在一起，可谓是钻石广告中最为成功的神来之笔。在这则广告诞生之前，很多女性问自己心仪的男人索要钻石或其他高档首饰还名不正、言不顺，但是随着这则广告的流传和它所倡导的理念被越来越多的人接受，订婚、结婚、特殊纪念日赠送首饰就成了约定俗成的事。对于销售商来说，这绝对是一个好消息。

再比如著名的ZIPPO打火机，在成功之前，曾大力宣传了两个故事。第一个故事：1960年，一位渔夫在奥尼达湖中打到了一条重达18磅的大鱼。在清理内脏的时候，他发现一支闪闪发光的ZIPPO打火机赫然在鱼的胃中。这支ZIPPO不但看上去崭新，而且一打即燃，完好如初！第二个故事：1941年，在南越战场上的一次攻击中，美国军官安东尼在敌军炮火的攻击下，左胸口受到枪击，子弹正中了置于左胸口袋的 ZIPPO 打火机，机身一处被撞凹了，却保住了安东尼的命。此外还有 1974 年 10 月 1 日，丹尼尔驾机利用 ZIPPO 成功求救的故事以及住在美国纽泽西州的巴瑞史将 ZIPPPO 打火机丢进洗衣机却完好无损的故事等。很多购买 ZIPPO 打火机的顾客不一定对产品的性能构造有所了解，但是这几个故事，他们一定烂熟于心。

销售是建立在客户对业务员、产品信任的基础上，强买强卖虽然会在一时达成销售目标，但是从长远来说，失去了客户的心，必然也会失去名声和利润。

客户面对业务员，天生具备戒备心理，这是不可避免的。让客户放下戒备，不是拿刀斧硬砍，而是用客户能接受并乐于接受的方式，比如讲故事，激起他了解聆听的兴趣，点燃他们心里埋藏的认同，进而让他们在大脑中做出判断："你说的很对，有道理，是真实的。"一个成功的业务员，总是不慌不忙的，他们知道当商品背后的精彩故事深入客户的内心时，想不不让客户购买东西都不行。

3. 适当摆点架子，不要对客户有求必应

有经验的业务高手认为，销售新人在接触客户时，不应该一味地去讨好和迁就对方，让自己处于一种心理上的弱势地位。实际上，买卖双方的地位是平等的，客户付出金钱的同时，也得到了相应的服务或者帮助。所以作为业务员，根本没有必要让自己产生低人一等的感觉，也没

有必要对客户的要求有求必应。

很多的业务员，面对客户的要求总是有求必应。例如客户喊"降价"，业务员往往觉得，客户是上帝，只要有钱赚，降一降无妨，殊不知自己轻易的一降，可能换来了客户无休止的纠缠。

鲁小曼在一家超市做啤酒业务员，一次，一位顾客要订购200件雪花啤酒。

顾客："我这次订的货数量可是不少啊，在价格方面上能不能降点呢？"

鲁小曼心想降一降又何妨，反正利润空间还很大，便笑着说："一件至多便宜你2毛钱。"

顾客："你看我经常在你们这儿订购啤酒，怎么说也算是你们的大客户了，能不能再便宜一点。"

鲁小曼："真对不起，我已经是按照低价给您了，我不可能赔钱卖给您啊，不能再降了。"

客户："看在我购买这么多的分上，还是再给我优惠些吧。"

鲁小曼无奈，只得说道："那……好吧，我给你打个折扣吧。"

顾客笑着说道："既然折扣都给我打了，不如再送我几十个打火机吧，你看我经常在你这儿批发啤酒，也给你送了不少钱。"

鲁小曼一听这话，急了，连忙说道："真的不能再送你东西了。我们都已经亏本了。"

客户故意生气地说道："我才不信呢，你给你们经理说，如果不给，下次我就不在你们这儿订购啤酒了。"

鲁小曼一听慌了，不得不又送了20个打火机给他。晚上经理知道这件事之后，少不得把她狠狠地批评了一顿。

业务员经常会遇到客户因购买的数量多而一再要求降价的行为，这些客户有着一整套看似完美的说辞，比如"我觉得你们的产品真的是非常好，我肯定会给周围的朋友介绍的，但是你得给我再便宜点才行！现在不是都讲薄利多销吗？""你看，我一下子购买了这么多，也应该算是大客户了吧，所以说你在价格上一定要再优惠点啊！"甚至有的客户以"你如果不降价的话，我就一件也不买了"为要挟，迫使业务员降价。销售新人们面对这种情况总是束手无策。

如何面对这种情况呢？

（1）让客户明白你在尽力

在向客户解释时，业务员应该从客户的角度出发，让客户感觉你的确是想为他们降价，但是由于各种原因无法实现，这样客户就不会怪你了，反而觉得你是一个事事为他们考虑的业务员，从而不再因为价格问题过于难为你了。

（2）不要痛快地接受降价

一开始就不要轻易接受客户的降价要求。一些销售新人为了做成生意，就会比较痛快地接受客户的降价请求，结果往往是虽然生意成功了，但获利微薄，并没有达到销售的最终目的，让人有种得不偿失的感觉。做销售就是和客户斗智斗勇的过程，只有咬紧牙关，才能走到最后。

（3）变相为客户降价

有些时候，客户购买的产品数量确实是比较多，这个时候，如果业务员坚持己见，不让利分毫的话，很有可能让煮熟的鸭子飞了。但是若答应客户的要求呢，又不能获得自己想要的利润。此时，最好的办法就是采用变相降价的方法。比如，赠送客户一些优惠券或精美的小礼品。如此一来，客户虽然是原价买到产品，但是又能从心理上得到平衡，从而顺利实现成交。

　　业务员张峰做了五年的销售，面对各路客户的不合理要求，他总是能出奇制胜。

　　一天，又有一位客户嚷着让他降价。客户："我这次的订货数量可不少啊，总共两万元，在价格方面上能不能降点呢？"

　　张峰："对不起，没有给您高价，这已经是我们的底价了，不可能再降了。"

　　客户没好气地问："数量这么多也不能吗？"

　　张峰："真是不好意思，的确是不能再降了，价格都是公司统一定的，我刚刚为此给经理打了几个电话，都没能把价降下来。其实，您也知道，我们的产品是从没有过降价活动的……"

　　客户："人家公司都答应我有折扣，你们为什么不给优惠呢？"

　　张峰："其实，我们知道那些答应你的优惠已经摊到了价格上去了，羊毛出在羊身上。我们不会这样做的，我们现在的价格已经是最低价了，决不在价格上弄虚作假。"

　　客户仍然不死心："看在我购买这么多的份上，还是再给些优惠吧。"

　　张峰微笑地说道："真的是很抱歉，在价格上我们确实没有什么办法了，谢谢您对我们产品的一贯支持，但是对于降价实在是让我们很为难。如果还能降价的话，肯定会给您最低的折扣。不过，我们可以赠送给您一份价值100元的精美礼品，在这份礼品中有很多可以和此产品共同使用，您觉得如何？这样的话就相当于给您降价了。"客户听了，点了点头。就这样，张峰的这笔单子挣了2000元。

很多客户在之前和业务员的博弈中，因为业务员一味地降价，于是认为业务员有利可图，久而久之养成了还价习惯。这种现象的发生只能说是没有经验的业务员给自己挖的坑。

虽说客户是上帝，但是业务员也要做到不卑不亢，不要一味地迁就客户，因为客户的要求是无止境的，有了这次的让价，就会有下次的让价，业务员是应付不完的。

俗话说，"货卖有缘人"，对于那些触犯自己价格底线的客户，业务员就应该当机立断及时告知客户，合适的产品只有卖给适合的人，才能发挥出产品自身的最大效益和体现你的销售价值，拖延时间对买卖双方而言都是不可挽回的损失。

4. 记住："唯唯诺诺的"是无法让人信赖的

很多销售新人在面对客户时，总是表现得唯唯诺诺，对客户所说的任何话都言听计从。他们常常这样想："如果我不对客户尊敬有加，如果我不是每时每刻都顺着客户的话去讲，客户就不会下订单，不会买我的产品了。"但是，很多时候，事实表明，即便他们对客户再怎么低眉顺眼，订单也拿不到手。

笔者认为，唯唯诺诺是无法让客户信服的。如果我们连自己都看不起，别人又怎么会看得起我们呢？如果我们对自己都没有信心，别人又怎么可能对我们的产品有信心呢？

销售新人周慧向一家保险公司的胡经理推销电脑，期间不断讨好对方，这种行为让这位经理十分反感。虽然他知道，她所推销的电脑质量确实不错，一开始他说自己要考虑考虑，但是最终他并未购买。周慧不解："胡经理，我们公司的电脑质量真的很好，你买一台吧，不然我完不成销售任务了。我给你打九折怎么样？"经理严肃地回答说："你用不着这样谦卑，你推销的是你的产品，而不是同情。你这样子，谁还会信任你，买你的东西呢？"一句话说得周慧哑口无言。

热情会传染，而不自信的状态也会传染，当我们以一种唯唯诺诺的姿态面对客户时，客户会很快感受到我们这种不自信的状态。即便他本来想要买的，但是最终也会产生拒绝的念头。

如果我们总是以一种唯唯诺诺、低三下四的姿态面对客户，不仅会使商品贬值，也会使企业的声誉和自己的人格贬值。所以，不管面对什么样的客户，我们都应该保持不卑不亢的态度，至少应该与客户平等相待，只有这样，才能从根本上赢得客户。

孙小柔是一家化妆品公司的销售新人。一次，她走进一家小型超市。面对货架前那个女店员冷冷的面孔，她唯唯诺诺了半天就是不敢开口。经历了一番思想斗争，孙小柔终于慢慢腾腾地来到她面前，嗫嚅着说："你好，我是化妆品公司的业务员。"女店员转过头来，瞪了她一眼问："什么事？""我，我来向你介绍一下我们公司的……""我没空听你说话，快走吧！"没等孙小柔说完，女店员就很不礼貌地把头扭了过去。

孙小柔的脸一下子红了，慢腾腾地走出去了，后来几天，孙小柔又跑了十多家店，都是这种"没面子"的结局。她有些气馁，打电话告诉经理，说她要辞职。经理听了慢慢地告诉她："销售不是一种卑微的工作，业务员与其他人一样，都是用自己的努力实现自我价值。你千万不要表现得唯唯诺诺，也不要灰心丧气，只要坚持下来，肯定会取得优秀的业绩。"

孙小柔把经理的话牢牢地记在心中。从那以后，她每周都要光顾那些小超市几次，并大方地和他们攀谈，她没有口若悬河地夸夸其谈，没有谈利润问题，没有用花言巧语来蛊惑他们，也没有表现得低三下四、唯唯诺诺，仅仅靠自己正直的人格，换取了店员的喜欢和信任。时间一长，这些店员便与孙小柔成了"老朋友"，接着就把店里的情况一五一十地告诉孙小柔。就这样，孙小柔的化妆品很快被摆在了三十多家超市的"黄金"货架上。

大多数的销售新人，在销售过程中，一旦和客户交谈起来，就会产生一个自我认定的自卑心态，他们认为在推销过程中，是自己在求助客户，甚至是认为自己在麻烦客户、骚扰客户，以至于在客户面前变得唯唯诺诺、畏手畏脚，甚至坐立不安、手足无措、语无伦次，完全不敢展示出自己的真实面貌与风采。从而让很多原本可以谈下来的订单，因客户对他们的印象大减而付诸东流。

有经验的业务高手在推销之前都会在心里默默地对自己说："每一个顾客都很乐意购买我的产品，每一个顾客都很乐意购买我的产品，每一个顾客都很乐意购买我的产品。"时间久了，自信便会产生。他们从不过分迁就客户降低产品价格，而是想尽办法提升产品价值。

现实中有很多业务员害怕自己的产品卖不出去，于是在客户面前表现得唯唯诺诺，甚至低价促销，但是结果往往适得其反。作为一个业务员，如果你想得到客户的认同和信赖，那么你必须有立场，有原则，坚信自己的产品是最好的。

5. 你不卖，客户偏要买

有研究发现，人的心理就是：得不到的永远是最好的，吃不到嘴里的永远是最香的。在消费行为过程中，我们也经常能够发现这样的情形，业务员越是苦口婆心地把某商品推荐给客户，客户就越会拒绝，相反，业务员越是百般阻挠，不让客户购买，客户偏要买。

我们不妨先看下面一个例子。

一家小酒店生意总是不见起色，为此老板苦思冥想，终于想出了一个妙计：

老板让人在离他酒店不远的大街上盖了一所漂亮的小房子，并且在房子墙壁四周打了一些小孔，房门上写着四个大字："不许偷看！"很多路人因为好奇，都要对着小孔看看。看进去，映入眼帘的是："美酒飘香，请君品尝"，鼻子下面正好放着一瓶香气袭人的美酒。于是，闻到酒香的人纷纷走进了这家酒店。越来越多的人"偷看"了小屋里的美酒，越来越多的人走进了老板的酒店。

"不许偷看"四个字，使客户对商品强烈的好奇心受到了阻碍，而导致客户的心理逆反。于是客户的欲望被禁止的程度越强烈，抗拒心理也就越大。你不让我看，我偏偏要看。

所以，在销售中，业务员不妨利用一些客户的这种心理倾向，相信你不但能把那些"顽固"的顾客软化，还能让他们的态度发生360度的大转弯。

帕克斯基先生的小轿车，已经被使用了十多年，经常出故障，于是他决定换一辆新车。某汽车销售公司得知了这一消息，派遣了很多业务员向他推销轿车。

刚开始，每一个前来推销汽车的业务员一进门，就向帕克斯基先生夸耀自己公司的轿车性能多么好，多么适合他这样的公司老板使用，有的甚至还嘲笑帕克斯基先生说："您的车老掉牙了，再继续使用，只会有失您的身份。""当您的车穿行在马路上时，只会让人投来鄙夷的目光，对于您这样尊贵的人物真是莫大的讽刺！"

这些话让帕克斯基先生心里特别反感和不悦，同时也增加了他的防御心理。"哼，这群家伙只是为了推销他们的汽车，还说些不堪入耳的话，我就是不买，我才不会上当受骗呢！"他愤怒地想。

有一天，又有一名汽车业务员登门造访，帕克斯基先生对自己说："就算这家伙说得天花乱坠，我也不买他的车，坚决不上当。"可是这位业务员一进门并没有向他推销汽车，而只是淡淡地说了一句让帕克斯基先生颇感意外的话："亲爱的先生，我仔细观察了一下，您的这部老车质量还不错，起码还能再用上一年半载的，现在就换未免有点可惜，还是过一阵子再说吧！"说完随手送给了他一张名片，并迅速离开了。

这位业务员的言行一下子消除了帕克斯基先生心理防御，因此其逆反心理也逐渐地消失了。看着这位业务员远去的背影，帕克斯基先生认真思量一番之后，还是觉得应该给自己换一辆新车。于是五天之后，他拨通了名片上的电话，向那位业务员订购了一辆新车。

一般来说，客户本能地对业务员存有戒心，业务员越是热情，越是把自己的产品说得好，客户越是觉得他虚情假意，只是为了骗自己的钱而已。

那么客户的这种逆反心理在具体消费过程中，到底是怎样表现的呢？

（1）驳斥

客户往往会故意针对业务员的说辞提出反对意见，让业务员知难而退。

（2）沉默

在业务员苦口婆心地介绍和说服的过程中，客户始终保持缄默，态度也很冷淡，不发表任何意见。

（3）我知道

不管业务员说什么，客户都会以一句台词应对，那就是"我知道"，意思是说，我什么都知道，你不用再介绍。

（4）无情拒绝

在业务员向客户推荐时，客户会坚决地说："这件商品不适合我，我不喜欢。"

很多销售新人不懂得客户的逆反心理，在销售过程中，总是片面地、滔滔不绝地介绍产品，而不顾客户的感受，结果只能是一次又一次地遭到客户的拒绝。

逆反心理既会导致客户拒绝购买自己的产品，也会促使其主动购买自己的产品。关键是要学会反其道而行之，从相反的思维方式出发，消除客户对自己的逆反心理，从而使客户主动购买自己的产品。

公司有两套位于海边的别墅房，由于定位高端，很长时间鲜有人前来购买。有一天，一位客户看中了这两套房，一直犹豫不决。当时孙绍阳正在推销这两套房子，为了把第一套房子卖出去，他对客户说："您看的这两套房子，第一套已经有人预定了，他让我帮他留着，您还是看看第二套房子吧。"这位客户一听心想："听你这意思，第一套房子肯定是比第二套房子好啊！我干嘛要买一套不好的房子呢？"于是对他说："我还是再看看吧。"孙绍阳说："那行，您要是决定买的话就打电话告诉我一声。"

一周之后，客户突然接到孙绍阳的电话。在电话里，孙绍阳对客户说："您还想买房吗？现在两套房都没人要了。原来那个客户遇到了一点儿小麻烦，资金一时周转不过来，所以就不买了，您要是想买的话，就再来看看吧！"客户一听这话，乐了心想：嘿，自己的运气还真不坏，可以把第一套房子买下来了。"这单生意就这么被孙绍阳做成了。

客户与生俱来就有一种逆反心理，在这种心理的支配之下，他们往往会产生一种与常规相反的意识和行动，尤其是当业务员拒绝客户购买某产品时，客户反倒非要买来用。结果帮业务员达成了销售任务。

因此，如果你想要成为一名优秀的业务员，在向客户推销产品的时候，一方面要避免引起客户的逆反心理驱使其拒绝购买自己的产品；一方面，你还要学会刺激客户的逆反心理，引发客户的好奇心，让客户产生强烈的购买欲望，你不卖他就会非要买。进而从正、反两方面来调动客户的积极性，使自己的销售目标顺利实现。

6. 适当制造压力，给客户一点"被威胁"的紧迫感

每个人都不喜欢被威胁的感觉。因为威胁往往给人一种巨大的压力感。有经验的业务高手，恰恰抓住了这一点，他们发现，在实际销售中，适当制造压力，给客户一点"被威胁"的紧迫感，有时不仅不会吓走客户，还会让客户更加迅速地下单。

世界著名销售大师汤姆·霍普金斯很善于不失时机地为客户制造压力。

有一次，他正和几名同事在公司名下的一处房屋里参观，细心的他发现一对夫妇也在参观房子。这对夫妻望着这栋海边的房子，不停地赞美。但是他们的时间似乎很有限。原来他们从西弗吉尼亚来度假，过一会儿就要回家了。聪明的汤姆·霍普金斯马上说道："我们为什么不到我的办公室谈谈呢？非常近，只要几分钟就能到。"于是，那对夫妻来到了他的办公室。

那位先生向汤姆·霍普金斯问道："这间房子上市有多久了？"机灵的汤姆·霍普金斯回答说："在别的经纪人名下六个月，但今天刚刚转到我的名下。房主现在降价求售。我想应该很快就会成交。"

接着他看了看这对夫妻，又说道："很快就会成交。"这时候，那位妻子说："我们喜欢海边的房子。这样，我们就可以经常到海边散步

了。""所以，你们早就想要一个海边的家了？"汤姆·霍普金斯问道。"嗯，彼特的工作非常辛苦。我希望他能够多休息休息，这就是我们每年都来佛罗里达的原因。"那位妻子回答道。汤姆·霍普金斯顺势说道："如果你们在这里有一栋房子，不但对你们的身体有利，你们的生活质量也将会大大提高。"那位妻子点了点头。

"这房子会很快就卖掉的。"汤姆·霍普金斯又说道，那位先生有点不相信："你为什么这么肯定？""因为这所房子是附近唯一能够眺望海景的房子，并且，它刚刚降价。"接着他说出了房子的优势，"这所房子是很少拥有车库的房子之一。你只要把车开进车库，就等于回到了家。你只要登上楼梯，就可以喝上热腾腾的咖啡。并且，这所房子离几个很好的餐馆很近，走路几分钟就到。"

那位丈夫犹豫了一下，但是他还是很快在纸上写了一个数字，递给汤姆·霍普金斯。汤姆·霍普金斯看了一下，很满意，马上和这位客户签了合同。

在这个案例中，从汤姆·霍普金斯见到这对夫妇，到签好合约，时间还不到30分钟。之所以能如此迅速就达成交易，其奥秘就在于汤姆·霍普金斯给客户营造了一种"被威胁"的压迫感，进而让客户产生一种"机不可失，时不再来"的感觉。如此一来，客户就只能被汤姆·霍普金斯牵着鼻子走了。

销售新人在向客户推销产品的过程之中，往往处于被动，苦口婆心地介绍了半天，客户仍然犹犹豫豫，反反复复，迟疑不定，很让销售新人们头疼。这个时候不妨换一种策略，譬如利用客户怕买不到的心理，适当给他制造一点压力感，比如，在推销的过程中可以给他一些："此时不购买我们的产品，您会受损失的"的暗示，相信他很快就会下定决心。

一天，一位犹太商人带着三幅名家画作到美国出售。当天恰好有一位美国画商看中了这三幅画，这位美国人认定这三幅画都是珍品，经过一段时期的收藏肯定会涨价，那时自己一定会发一笔大财。于是他下定决心无论如何也要买下这些名家名作。

美国画商："先生，你的画不错，请问多少钱一幅？"

狡猾的商人不答反问道："你是只买一幅呢？还是三幅都买？"

美国人的如意算盘是先和商人敲定一幅画的价格，然后，再和盘托出，把其他两幅一同买下，肯定能便宜点，多买少算嘛。于是他故意打出太极拳："三幅都买怎么讲？只买一幅又怎么讲？"

犹太商人并没有直接回答他的问题，只是脸上露出为难的表情。美国人沉不住气了，说："你开个价，三幅一共多少钱？"

狡猾的犹太商人从这个美国人的眼神中看出，他已经看上了自己的画了，于是他漫不经心地回答说："先生，如果你真想买的话，我就便宜点全卖给你了，每幅3万美元，怎么样？"

美国画商一美元也不想多出，便和商人还起价来，一时间谈判陷入僵局。

忽然，狡猾的犹太商人怒气冲冲地拿起一幅画就往外走，二话不说就把画烧了。美国画商看着一幅画被烧非常心痛。他问商人剩下的两幅画卖多少钱。

想不到商人这回要价口气更是强硬："少于9万美元不卖，少了一幅画，还要9万美元。"美国商人觉得太委屈，便要求降价。

狡猾的犹太商人不理会这一套，又怒气冲冲地拿起一幅画烧掉了。

只剩最后一幅画了，这一回美国人大惊失色，只好乞求犹太商人不要把最后一幅画烧掉，因为自己实在太爱这幅画了。接着，他又问这最后一幅画多少钱。

犹太商人接着说："如今，只剩下一幅了，这可以说是绝世之宝，它已大大增值。因此，现在我告诉你，如果你真想要这幅画，最低得出12万美元。"

美国画商不得已，只好成交。

每个人都有这样一种心理：越是得不到、买不到的东西，越想得到它、买到它。有经验的业务高手，正是利用客户这种"怕买不到"的心理，适时地给他制造一点压力，使他以为自己的产品快没了，从而使客户乖乖就范，进而促成订单。

销售新人经常会遇到一些客户，虽然他们已经有比较明显的购买意向，但是一直在犹豫不决。这种状态表明客户还是对你的产品有兴趣，但是随着时间的推移，他也很有可能改变自己的注意，这时候你要做的便是给他致命一击。比如："这款是我们最畅销的了，经常脱销，现在这批又只剩2个了，估计不要一两天又会没了，喜欢的话别错过了哦！"或者："今天是优惠价的截止日，请把握良机，明天你就买不到这种折扣价了。"给他制造一点压力，可以使他尽早下定决心。

但是，销售新人们也要注意，给客户制造"压力"并非在任何情况下都能使用，除非你能保证你的产品质量过硬，服务一流，不然只会适得其反。总之，关键是要把握好度，只要掌握好度，客户自然会乖乖地与你合作。

7. 对客户的不合理要求，要勇于说"不"

很多销售新人，面对客户提出不合理的要求时，往往不敢回答"不"，而是支支吾吾、模棱两可地说"是"。其实，这个时候回答"不"，并简单明确地说明为什么是"不"，往往比模棱两可地说"是"更能维护自己的利益，也更有利于取得客户的信任。但是在说"不"之前，你的语气应该委婉一些，不要伤了双方的和气，毕竟你们以后还是有可能继续合作的。

有经验的业务高手，很清楚客户之所以在购买产品时提出不合理的要求，无非是想使自己获得更多的信息和服务、更优惠的价格。但是，做销售毕竟是靠利润生存的，赔本的买卖是没有人去做的。面对客户的不合理要求，一定要勇于说"不"才行。

可是，如何向客户说"不"呢？征战销售沙场多年的业务高手们总结了一系列的招数，销售新人们赶紧来学习一下吧！

第一招：装"可怜"。向客户说明，自己的权力有限，无法做主。如果接受客户的不合理要求，自己将会受到什么样的处罚。这样既向客户表示了拒绝，又争取了客户的同情和谅解。

客户赵总："小郑呀，本来这个月要结清欠你们公司的五十万货款，但是，由于最近是销售旺季，进货较多，挤占了一部分资金，这个月先结清十万，剩下四十万过两个月结清，行不行？"

业务员小郑面露难色，委屈地说道："赵总呀，上次进货的时候，看在您是我们公司多年的老客户的分上，在正常进货价的基础上，我私底下向公司申请特殊政策，帮您额外申请了一个点的价格优惠，同时，还赠送了您500件促销礼品。为这事，我没少受经理的批评，上周公司开全国业务员会议的时候，销售总监还点名批评，要我做检讨。赵总呀，你可不能再让我难做了。"

客户赵总一听这话，语气和缓地说道："噢，是这样的。咱们多年合作愉快，你也帮了我们公司不少忙。好吧，资金再紧张，我也要及时和你们公司结清货款，可不能让你再难做了。"

第二招：晓以利害。面对客户提出的一些不合理要求，销售新人可以从客户的角度出发，说明如果顺从客户的要求会产生什么样的后果，使客户了解，由此对他产生的损害，从而取得客户的谅解。

客户邓总："小王，请问我买的房子，大概什么时候可以收楼呀？"

业务员小王："我们公司一般情况下，是签完合同，收到首期房款三个月之后。"

客户邓总："要这么长时间呀，一个月时间行不行呢？"

业务员小王："邓总，您也知道，如果要求一个月时间收楼的话，装修人员就要赶工。您应该清楚，慢工出细活，赶工的时候，容易忙中出错，最后影响您房子的装修质量，那就划不来了。"

客户邓总："噢，是这样呀。那小王，你们就按正常时间收楼吧。"

第三招：以小换大。碰到一些比较难缠的客户，销售新人采取强硬政策，难免会让客户流失。此时不要急，巧妙地与他周旋，迫不得已的时候，不妨用你的后退一步换取他的后退二十步。

客户周总："小张呀，我们集团可以说是你们公司最大的经销商，这么多年来，为你们公司卖出了不少产品，也为你们带来了不少收益。这样吧，进货价格就我们再降5%吧。"

业务员小张："周总呀，贵公司多年来对我们公司的支持与帮助，大家都是有目共睹的，要不然也不会跟您谈判这么久。但是，这次给您的价格已经是最低价了。这样吧，你再多进30%的货，我向经理打个电话，申请进货价再降低2%，您看怎么样？"周总点了点头。

第四招：转移话题。有时，客户会对产品的某些方面不满意，比如：价格、款式、颜色。这时候，有经验的业务高手，往往会采取声东击西的策略以转移客户的注意力，进而将主导权掌握在自己手中。

客户徐总："小芳呀，你们的产品总体还可以，但有一点我不满意，就是价格比其他同类公司要高10%。"

业务员小芳："徐总呀，我们公司的产品价格确实要比其他公司高一点，但是一分钱一分货嘛。我们的质量过硬，产品寿命长，消费者用起来省心，您也少操心。我这里有份研究报告，您可以看一看，我们的产品要比同类公司产品的用户投诉数量少43.1%，使用寿命长34%，用户满意度高54%。所以，卖我们的产品您会少操不少心，还会腾出时间赚更多的钱呢。"

除了以上的几种方法，全程保持微笑也是一种有效拒绝客户的方法。它的优点在于，可以避免双方激烈对抗，使矛盾得到缓和。和直接拒绝相比，给客户留有余地，不至于让对方太丢面子。

此外，向客户推荐其他公司，也是不少业务高手惯用的手段。当自己确实不能接受客户的要求，而且又不忍心让客户失望时，业务高手们会热情地向客户推荐其他公司。比如："宋先生，真对不起，这个价位我们不能满足您，不过，您可以和A公司联系，那里可能会让您满意。"这种做法很容易使业务员在客户心中树立起诚实可信、为人热情的良好形象，为以后的合作留下余地。

最后，销售新人在拒绝客户时一定要注意两点：一，避免模棱两可的回答，如"我再考虑考虑"。有的销售新人或许认为这是表示拒绝，可是客户却会认为你是真心地替他想办法，这样一来，反而耽误了客户，所以在拒绝客户时切莫使用含糊的字眼。二，当你说"不"时，务必要让客户了解你拒绝的苦衷，并向客户表示歉意，态度要诚恳，语言要温和。

第七章

业务之神的社交策略：
酒桌生意拼的不只是酒量

1. 见缝插针，抓住请客时机

对于业务员来说，请客户吃饭总是需要理由的，但无论是什么理由，都只是为了借助饭局来拉拢关系、增进感情、加强合作、消除摩擦等，所以重点不是理由的好坏，而是业务员能否把握住请客的时机。毕竟客请不到，一切都是空谈。

作为销售新人，请客户吃饭，被拒绝是一件令人沮丧的事情，尤其是当你对客户有所求的时候，拒绝往往意味着你以前的努力都付诸东流，功亏一篑。

李霞在一家化妆品公司做销售，刚入职三个月，销售总监就分派给她一个大单子：签下全市最大的一家百货公司的合同。

为了拿下这笔单子，李霞工作十分卖力，经常去这家百货公司拜访其销售经理，一来二去，这位谢经理对她有了一些印象，也对她口中所说的产品有了一些想法。

一周之后，为了更进一步向这位谢经理介绍自己公司的产品，李霞打算在饭桌上好好和他谈谈。于是，周一的早上，她迫不及待地拿起了电话。

"谢经理，你好！我是李霞，今天晚上我想请您吃饭，不知道您肯否赏脸呢？"

"李小姐，很抱歉，我今天很忙，有空再聊。"

"谢经理，我们的产品真的很好，今天晚上我们好好聊聊，真的花不了您多少时间。"

"现在确实很忙，下次再聊！"

"谢经理，我们洽谈了那么久，我就是看重贵公司的实力和您的人品才确定和您继续合作的，希望你今天晚上一定要赏我这个脸……"

李霞话没说完，对方就挂断了电话。后来，李霞又多次去邀请这位经理，但是总是被无情地拒绝。

身处职场的人都知道，周一的早上是每个公司最为繁忙的时候，李霞作为一个业务员竟然把这点给忽视了，难怪她的理由再好，也被客户给拒绝了呢。

一个好的请客时机往往会决定着业务员宴请的成败。没有好的请客时机，你的理由再好也无济于事，所以请客的前提是要有一个好时机。

张振是一家大型电脑公司的资深业务员。一个周六的下午他准备请一位老客户吃饭，他是这样邀请的：

张振面带微笑地问道："赵经理，你们老家是哪儿的？"

赵经理随口说道："东北的。"

张振惊喜地回应道："我就喜欢东北人的豪爽，而且喜欢吃东北菜，有一个菜是把大骨头蒸出来吃，有一股酱香味，叫什么来着？"

赵经理赶紧接过来："你说的是酱骨架吧？"

"对对，就是酱骨架，我特别喜欢吃，而且我知道有一个地方的酱骨架做得特别好，地道的东北人开的酒店，那菜做得，绝对一流，想着就掉口水，要不今天晚上咱俩一块去。"

"晚上……"

"那就这么定了啊，晚上我找你。"

"那行！"

在这个案例中，张振并没有一开口就向客户说出自己的意图，而是一步步"诱敌深入"，最后在时机成熟的情况下，和盘托出，让客户不忍推辞。

诸葛亮草船借箭等的是东风，业务员宴请客户等的是时机。在时机未成熟之前，不如先套套近乎。有时，为了跟客户拉近关系，销售新人挤破脑袋地想找个理由请客户出来吃顿便饭。那不如先找个好理由请客户出来玩。这点就需要根据客户的兴趣爱好方面着手了。比如，"王先生好啊！我朋友刚告诉我城东新开了家保龄球馆，我正想去，想到你可是这方面的老手，怎样？咱去练练？"还可以约客户喝茶、唱歌、泡吧等，关键是投其所好。一般客户对自己的兴趣爱好是很难放下的，只要能把他约出来了，吃饭就成了想当然的事情了，而且不需要什么理由，玩累了去吃饭再自然不过。

下面为大家介绍几种宴请客户的窍门。

（1）不要在客户繁忙的时候提出宴请

客户正忙的时候最好不要打电话骚扰，发短信或者邮件是不错的选择。一般来说，宴请客户的时间可以安排在晚上下班之后或者是周末的下午，这时客户的时间较为充裕。

（2）针对不同的客户采用不同的方法

邀请客户要因人而异，性子直的，可以来个开门见山，直接对他（她）提出邀请，说出自己的目的；喜欢搞气氛的可以来个借花献佛，想一下最近有什么开心的事，邀请他一起祝贺一下，当然没有可以自己编一个。

（3）事前了解客户的情况

包括他的兴趣爱好，家庭住址等。如果客人住的地方离你较远，不妨采取喧宾夺主的方法，事先调查一下他所在的环境，在他家附近找一家有特色、符合他身份的酒店，然后打电话给他，告诉他你在他家附近。

（4）为宴请客户找一个合理的理由

"无事不登三宝殿"，没有理由的请客吃饭，很容易被客户拒绝。所以你可以说："朋友送我一瓶酒，要不今天咱俩喝点儿？""感谢您这么长时间对小弟的照顾，今晚小弟做东……""听说附近新开了家中餐厅，没事儿咱过去尝尝吧。"

（5）巧妙拖延

如果是客户来到你们公司，你可以用拖延法，等到饭点的时候顺水推舟，邀请他一起吃个饭。如果你之前邀请过他的话那就简单多了，可以先回顾第一次共进晚餐时的美好记忆，然后话锋一转，问一下对方有没有时间。

（6）不要害怕被拒绝

邀请客户的时候，首先要让客户感觉到你的诚意，所谓诚意，是一种坚持、耐心和毅力，是一种百折不挠的精神的混合物。简单的方法就是，如果客户比较难邀请，可以采取多次邀请来表达诚意，一般人都不会拒绝别人的多次诚意邀请。

2. 要做东道主，事先了解客户的喜恶

当听到客户答应你的会餐邀请时，销售新人不要高兴得太早了，因为这只是成功的第一步，只有客户吃得舒心，乘兴而归，你才有可能顺利完成签单任务。然而酸甜苦辣咸，总有人能接受，也有人不能接受的。如果销售新人事先不了解客户有哪些禁忌，可能小小的一道菜，或者一些细节礼仪之处的疏忽，就会破坏了整个饭局上的气氛，从而宣告你签单的失败。

王俊进入一家暖气片公司做销售，没两个月就顺利遇到了一位大客户，两人相谈甚欢。一天，他兴高采烈地邀请这位客户出来吃饭，这位张姓老板欣然答应。

赴约的时候，张老板临时有事耽搁了，让王俊先点菜。由于冬天寒冷，王俊在一家星级高档酒店定下了一个大包间，点了许多的荤菜，价格都不菲。

不多久，张老板就到了。王俊从口袋里掏出一支高档香烟递过去。张老板摇了摇头："谢谢兄弟的好意，我不抽烟！"王俊以为张老板是说着玩的，继续把烟递了过去，说道："张总，您不抽这是不给兄弟面子。"本想这次张老板会把烟接过去的，但是他仍然推辞说不抽烟。王

俊很尴尬，只得自个儿吞云吐雾起来，心想接下来点的菜一定会大合张总的口味。

谁知服务员把丰盛的菜肴端上来之后，张老板竟然面露不悦之色。王俊很奇怪，连忙问道："张总怎么了，是不舒服么？"张老板摇了摇头，回应道："今天的菜肴很丰盛，但是都不合我的口味。"听了这话，王俊不高兴了，心想：这些菜都是自己花了大价钱点下的，王总竟然瞧不上，难道他想吃燕窝鱼翅不成！

张老板似乎看出了王俊的怒气，冷着脸说道："小王，咱们认识也好久了吧，各方面也都聊得来，本以为你是真的了解我、关心我，但是今天看来，并非如此。今天这顿饭，你确实费了不少心，可事实上也没怎么用心。就说你给我递烟这事儿吧，我拒绝了，你不高兴，实际上我还不高兴呢。我从来不抽烟，你竟然不知道……"后来，两人不欢而散，王俊也丢失了这个大客户。

请客户吃饭的学问可以说是深不可测，请好了赢得满堂彩，请得不好得罪客户不说，还可能让业务员丢掉一笔生意。就像案例中出现的情况，难免让人遗憾。

业务员作为东道主，要想让宴请尽量接近完美，就必须事先了解客户是否有什么禁忌。

首先不同的人有不同的禁忌。如果业务员在饭桌上触犯了客户的禁忌，虽不至于和客户当场翻脸，对簿公堂，但是也有可能让自己陷入尴尬的境地，因此，当小心为妙。

不同地区，人们的饮食偏好往往也不同。对于这一点，业务员在安排菜单时要兼顾。比如，湖南省的人普遍喜欢吃辛辣食物，少吃甜食。

英美国家的人通常不吃宠物、稀有动物、动物内脏、动物的头部和脚爪。在宴请外国客户时，尽量少点生硬需啃食的菜肴，因为外国人在用餐中不太会将咬到嘴中的食物再吐出来，这也需要顾及到。

不同的人有不同的禁忌，这里不再一一赘述，如果销售新人想了解更多相关的知识的话，不妨在网上搜索一下，相信一定能找到你想要的东西。

业务员除了要注意客户的禁忌之外，还有一点也要尤其注意，那就是每个人独特的生活饮食习惯。比如，有些人对辣椒过敏，但有些人吃辣却吃不够；有些人嗜酒如命，也有些人却滴酒不沾；有些人吃素不吃肉，有些人缺了肉就食之无味……这些单方面的个人禁忌也是需要业务员事先了解的。

有经验的业务高手经常说的一句话是："成功是给有准备的人准备的。"如果销售新人想要通过请客吃饭来和客户进行有效沟通的话，一定要提前多做了解，比如，在点菜之前，细心地询问客户有什么不吃的，喝不喝酒，抽不抽烟等，尽可能多地听取客户的意见，以免出现差错。

3. 掌握"没话找话"的本领

俗话说，写文章，有了好题目才会使作者文思泉涌；与人交流，有了好的话题才能使谈话流畅自如。事实证明，业务员在与客户交流的过程中，必须学会"没话找话的本领"。所谓"找话"就是"找话题"，要找到与客户的共同语言，找到能令客户产生共鸣的好话题。

越野车业务员赵飞在一次大型汽车展示会上结识了一位潜在客户。通过对潜在客户言行举止的观察，他发现这位客户对越野型汽车非常感兴趣，而且，其品位还非常高。虽然赵飞将本公司的产品手册交到了客户手中，但是，这位潜在客户一直没给他任何回复，赵飞曾经试着打了两次电话联系，客户都说自己工作很忙，周末则要和朋友一起到郊外的射击场射击。

后来经过多方打听，赵飞得知这位客户酷爱射击。于是，他上网查找了大量有关射击的资料，一个星期之后，他不仅对周边地区所有著名的射击场了解得十分深入，而且还掌握了一些射击的基本功。再一次打电话时，赵飞对销售汽车的事情只字不提，只是告诉客户自己"无意中发现了一家设施特别齐全、环境十分优美的射击场"。

一周之后，他很顺利地在那家射击场见到了这位客户。赵飞对射击知识的了解让这位客户迅速对其刮目相看，他大叹自己"找到了知音"。在返回市里的路上，客户主动表示自己喜欢驾驶装饰豪华的越野型汽车，赵飞告诉客户："我们公司正好刚刚上市一款新型豪华型越野汽车，这是目前市场上最有个性和最能体现品位的汽车……"一场有着良好开端的销售沟通就这样形成了。

那么，什么样的话题才是一个好的话题？有经验的业务高手会告诉你：好话题的标准就是客户感兴趣的话题。只有这样的话题才能引起客户的"共鸣"，使交谈变得更有味道。下面，我们就来了解一下，业务员与客户谈话时，常见的好话题有哪些。

（1）谈论客户的工作

比如，客户在工作上曾经取得的成就或将来的美好前途等。

（2）客户的行业

比如，问问对方，你这个行业现在怎么样？你是如何进入这个行业的？一般客户都乐意交流或征求你的意见。

（3）客户的身体

比如，提醒客户注意自己和家人身体的保养。

（4）客户的家庭

比如，孩子今年多大了、上学的情况、父母的身体是否健康。

（5）客户的爱好

比如，客户的体育运动、娱乐休闲方式。

（6）谈论时下大众比较关心的焦点问题

比如，房地产是否涨价、股市的沉浮、如何节约能源。

（7）和客户一起怀旧

比如，提起客户的故乡或者最令其回味的童年往事。

（8）谈论时事新闻

比如，每天早上迅速浏览一遍网上的热点新闻，等与客户沟通的时候首先把自己了解到的重大新闻拿来与客户谈论。

但是，业务员是否有了好的话题就能和客户很好交流下去呢？答案显然是否定的。因为，一个话题是否令人感兴趣是因人而异的。比如，有的客户愿意和别人谈论自己的家庭，而有的客户对此就非常忌讳；有的客户身体不太好，所以他们很讨厌别人谈起他们的身体状况。由此可见，业务员知道了这些常见的谈论话题之后，还要根据具体的客户进行筛选。

比如，业务员在拜访前，需要对客户的工作、职位、兴趣爱好以及家庭状况等等有个大致的了解。这样，就能在见面之后有个心理准备，然后有意识地引到销售沟通的主题上来。

此外，业务员要善于察言观色。业务员在事前如果没有足够的时间对客户进行一番调查和了解，可以边谈话、边观察，包括客户的着装以及一举一动、一颦一笑。其实，只要留意观察就不难发现双方之间共同的语言。比如，看到客户公文包里的全家照，就可以从客户的孩子和家庭谈起。这些都能活跃气氛、增加客户对你的好感。

共同的兴趣爱好是拉近业务员与客户心理距离的最重要的因素，为了实现这一目标，业务员需要同样对此话题感兴趣，甚至比客户有更深入的了解。这就需要业务员在平时多培养一些兴趣，多积累一些各方面的知识，至少应该培养一些比较符合大众口味的兴趣，比如体育运动、当下比较流行的娱乐活动。这样，等到与客户沟通时就不至于捉襟见肘，也不至于使客户感到与你的沟通寡淡无味了。如果实在找不到话题，可以"闲扯"，"闲扯"是与人交谈的重要组成部分。比如业务员可以不失时机地赞美客户。

当然找到话题之后，我们也要注意一些交流的禁忌。

比如，不要随便打断客户的讲话，要认真倾听。业务员在和客户交流的时候，要善于倾听，身体略微前倾，眼睛要注视客户，不时笑一下，也可以点头表示赞许。这样客户才能从你神态上感受到你对他的谈话内容真的很感兴趣，进而对你产生好感。

再如，话题找到后，不要随便改变。如果由于自己注意力分散，迫使客户再次重复谈过的话题，业务员应该向客户道歉。

此外，交谈时不要和客户争辩。有时业务员在跟客人交流的时候难免出现意见不同或看法不同的时候，这时，切不可为一时胜负而与客户抬杠，在饭桌上与客户争论，只会给你的业务谈判增加更多的阻碍。

销售新人只要掌握了没话找话的本领，何愁找不到客户，拉不到单子呢？

4. 把握时机敬酒，让自己成为焦点

众所周知，酒是业务员应酬中必备的好东西。俗话说："三杯酒下肚，万事好商量。"可酒中的雷区却多得数不胜数，一不小心就可能使业务员陷入窘迫之中。

有一次，业务员宋文和几位同事一起宴请几个客户吃饭。席间，有位客户手中正在剥着虾皮，这时，宋文端着酒杯笑意盈盈地走过去说："王先生，听说您最近生意不错，小弟在此恭贺您生意兴隆！"这位客户皱了皱眉头说："不好意思，我先收拾下！"宋文便站在客户身旁，等了片刻还是不见客户收拾妥当。而他却像个举着酒杯无所适从的电线杆。气氛越来越尴尬，宋文只好拿着酒杯又坐回去。

在宴会或酒会中，业务员深知向客户敬酒不仅能提高气氛，还能加深客户对自己的印象。毕竟敬酒的竞争实力并不低，谁能让客户满意、尽兴，谁的机会就多些。于是，为了让尊贵的客户对自己刮目相看，哪怕是只有1%的机会业务员也会争取。

但是大多数时候，很多业务员因为无法把握住敬酒的时机，而令自己以及客户陷入尴尬的境地。而这正是业务高手的胜算之处，他们巧妙地把握住敬酒的时机，不仅体现了自己的聪明、机智、果断，还会使自

己赢得满堂彩。

保险业务员赵乾的一位大客户老来得子，孩子满月的时候，这位大富豪在一家五星级酒店承包了场地为他的儿子过满月。酒席间一片喜气洋洋，客户的亲戚朋友也好，赵乾的同事也好，纷纷向这位客户敬酒祝贺，一时间让赵乾没了敬酒的机会。

等到酒席到了一半的时候，这位大客户的妻子抱着自己的小儿子来跟大家见面。众人一时兴奋，纷纷叫嚷起来，各种各样的祝词更是络绎不绝。可能是场面太吵闹了，孩子突然大哭起来，这下乱哄哄的场面瞬时安静下来，众人不知所措，甚至还有点尴尬。

赵乾看到这种情况，在人群中举杯道："王先生，看来您家里将来要成就一位男高音歌唱家啊！这声音洪亮得堪比帕瓦罗蒂啊！"这位大客户的妻子听这话顿时高兴地笑了起来，周围的人也跟着笑了起来。这位大客户也笑着举杯道："好好好！为了这小帕瓦罗蒂，干杯！"所有人举杯齐齐畅饮。

那次酒席过后，这位大客户特意找到赵乾，告诉他，他决定继续向赵乾购买10年的保险，不仅包括他自己和家人的，还包括他公司所有的员工，总金额预计会达到1000万元。

还有种见机行事的敬酒方式，就是当客户说出一件非常高兴的事情或令他自己感到自豪的事情时，业务员可当下借题发挥。比如，在酒席上客户开玩笑地说道："我一直以为我是最黑的，原来还有比我更黑的。"听到这句话后，业务员亦可以开玩笑地说道："为了这个惊世的大发现，也祝愿你能发现更多比你更黑的，我们来干一杯。"虽然短短几句话，但酒席上的气氛也许瞬间就会被带动起来。

除了随机应变，在特殊的场合里，业务员需要借助外物来制造敬酒的时机。比如，客户的生日或喜宴上，如果业务员两手空空去，与那些拿着礼物前去祝贺的人相比，显然会失去敬酒的资格和勇气。所以，在这些场合里，业务员一定要事先准备好合适的礼物，有份底气撑着，反而不怕没有机会去祝酒。

有一天，公司的老客户胡先生，突然请郑凯以及其他几个业务员去参加一个宴会，还说会带女朋友过来。吃饭的地方是个挺高级的餐厅，吃到了一半，这位客户拿起酒杯，搂着女朋友站起来，说今天其实是他们俩订婚的日子，因为不想搞得太隆重，所以就请认识的一些朋友们吃顿饭。这时郑凯的其他同事纷纷拿出了自己送给这位客户的礼物，只有郑凯像个外星人一样，张大了嘴巴，眼珠子都快掉下来了。等同事们给这对新人敬酒的时候，郑凯也只能傻坐在那里。

在饭局，有些细节销售新人一定不能疏忽。比如，陪同领导出面应酬，领导却先让你给各位客户敬酒，这时候，你千万别一头热就举起杯来先陪同各位尊贵的客户喝酒，需知，刚开始的敬酒大权应该留给领导。否则时机错了，可能你就错过了自己的饭碗。

领导让姜明晚上一起去陪客户，到了饭桌上，领导示意姜明多向客户敬酒，他一下子就慌了神。想了很久还是觉得由领导先开始敬酒比较好，心里早已经七上八下辨不清方向，也不知是不是过于紧张想转嫁情绪喘口气，他小声地问领导，是不是应该领导先开始。领导"嘿嘿"一笑，他顺利交接了"皮球"。

往后每逢应酬饭局让姜明敬酒时，他便总把第一次敬酒权交由领导，一来说明他不是从头到尾的主角，二来也让领导对饭局的开端有一个把握。

作为业务员经常会遇到这样一种情况：和客户正聊着的时候，突然冷场了。其实这是再正常不过的了。这种情况是个相当不错的敬酒时机，比如"来，为我们的'一鸣惊人，不鸣则已'的默契干杯。"在冷场之际，当机立断地向在座的某位客户去敬酒，这不仅转移了在座各位客户的注意力，使其不会因此爆冷而彼此尴尬，也会使客户们都注意到业务员精彩的敬酒环节，同时接受敬酒的客户也会因此而感到受宠若惊。

想必每个销售新人都经历过这种状况：向客户敬酒时，生怕自己跟别人撞了杯子，引得他人嘲笑，于是徘徊不定，结果丢掉了拉拢客户的好机会。其实业务员大可不必想得太多，如果你看到都是与你平辈或同等级别的人在给客户敬酒，当他们干完一杯后，你大可以端着酒杯前去敬酒。须知，犹豫的时间越久，大家的酒兴就会变得越淡，如果等到客户开始拒酒的时候你再去敬，很明显会触了别人的霉头。

事实上，不管是销售新人，还是业务高手，时机到了就不要犹豫不决，因为一旦机会错过去，可能到最后也找不到表现的机会了。

5. 过分的赞美会让人厌恶

对于业务员来说，酒桌是个讨好客户的最佳场所，什么溜须拍马、阿谀奉承在这里都能够发挥得淋漓尽致，而且效果还很不错。在众多的招数中，"赞美"是最受业务员追捧的方式了，毕竟再冷血的客户也经受不住糖衣炮弹的袭击。但是赞美要有度，不是什么赞美的话都可以乱说，如果把一个凡人夸成了神仙，傻子也该起疑心，所以业务员一定要谨慎提防。

业务员周娜和公司销售经理去请一位重要客户的家人吃饭，去之前，销售经理细心地嘱咐她不要冷落了客户的家人。

周娜把经理的嘱咐牢牢放在心上，席间，经理和客户在一旁谈生意聊天，周娜就有意跟客户的妻子和孩子离得近些。

聪明的周娜想到，爱美是每一个女人的天性，如果把客户的妻子夸得高兴了，那么一定对销售业务有帮助。于是乎，周娜开始跟客户的妻子套近乎。一会儿说她的披巾好看，一会儿又夸她的头发柔顺，接着就是夸她的皮肤、皮包、衣服、鞋子，总之是把客户的妻子从头到脚夸了个遍，好像天底下再也没有像她那样的美女了。

然而周娜却没有注意到客户妻子满脸尴尬，说话已经明显减少。十几分钟过去了，周娜见没得夸了，于是就去称赞客户的小儿子："这孩子多么机灵可爱，多么聪慧可人，多么懂事呀！"简直快说成神童了。客户的妻子听完之后，只得不停地说："周小姐过奖了！过奖了！"

周娜还继续打算说些什么的时候，突然客户的小孩儿不耐烦地吼道："你'呱啦呱啦'地说个不停，太烦人了，别说了，我不想听，我不想听……"周娜尴尬极了，客户的妻子见状赶紧把孩子叫到身边哄个不停，但是孩子似乎不太愿意听她妈妈的话。正在周娜不知所措之际。小孩突然扭过头指着周娜说道："我讨厌她，讨厌她！"这下糟了，周娜根本没想到会惹出这么大的麻烦来。

当客户的妻子带着孩子出去玩的时候，周娜分明瞥到领导愤怒的眼神。果不其然，当天晚上回公司后，经理就严厉地训斥了她，并告诉她，以后再和客户吃饭的时候，要提前给他打招呼。

销售新人喜欢在客户面前说赞美的话，但是赞美也要有度，过度的赞美会给客户虚假的感觉，尤其是从头夸到脚的赞美，把没的说成有的，太夸大了，容易让客户怀疑业务员另有所图，如此就会加剧客户的提防心理，进而影响双方有效的沟通。

所以，销售新人想要让自己的赞美起到最佳效果，首先必须要控制赞美的度。

（1）赞美要基于事实

虽然人人都喜欢听赞美的话，但并非任何赞美之词都能使客户高兴。基于事实、发自内心的赞美，更能赢得客户的认同。相反，若无根无据、虚情假意地赞美客户，他不仅会感到莫名其妙，而且会觉得你油嘴滑舌、蓄意讨好，为此心生厌恶。例如，当你见到一位其貌不扬的男性客户，却对他说："您真是貌若潘安，一表人才啊！"结果会如何？很可能招来客户的一个白眼。

（2）注意赞美时的姿态，不要有意抬高客户贬低自己，让客户看不起自己

虽然说，业务员在和客户洽谈的过程中，出于对客户的尊重，可以把客户摆放在一个较高的位置上，但是太过明显地以贬低自己来抬高客户的身价，必然会招致客户的反感。有些业务员想通过比较的方式赞美客户，于是就用自己的不足之处比较客户的优越之处，以为这样就会让客户心满意足。但是，事实上，这绝对不是赞美，因为这样做的结果是使自己更像个不满世道不公的"怨妇"，不仅会激起客户的提防心理，还会让客户觉得你只是个怨天尤人、自暴自弃，不会成功的小人物罢了。

（3）赞美客户不一定要说话

很多时候一个人的肢体语言往往比开口说话更容易让客户相信和感动。比如，当一个客户在我们面前说出他曾经的功绩或骄傲时，向其表现出惊讶或震惊或羡慕的神态，远比那没完没了的声音更容易让客户相信你在敬佩与仰慕他。

（4）不要见什么赞美什么

如果客户是个有身份、有地位的重要人物，不要看到什么都去赞美，比如他的名牌手表、高配置手机、名车，那些对于有钱人来说不过是司空见惯的事情，根本没什么赞美的价值，假如业务员不停地赞美那些物质上的东西，只会让客户误解你太拜金，见钱眼开。所以，销售新人和客户交流业务的时候，一定要学会避开一些有针对财富性质的敏感话题。

（5）假借他人之口去赞美对方

有经验的业务高手都善于假借他人之口去委婉地赞美客，这样就不

会显得太过直白，而且会让客户感受到你的赞美是真实客观的。比如在饭桌上和客户聊天，称赞他的品位时，不妨说："是的，刚才旁边的那个客户也说你所选择的颜色是很有个性或品味的！"

（6）不要轻易赞美新顾客，礼貌即可

销售新人遇到新客户时，千万不要马上就天花乱坠地赞美他们，因为你的过度热情会吓到客户，使得他们调头就走。对待新客户，只要礼貌即可。因为在还不熟悉的情况下，贸然赞美客户，会让客户产生反感情绪，甚至认为你有谄媚之意。

6. 敬酒不等于灌酒，喝好不等于喝倒

刚进销售行业的销售新人经常会被前辈误导："事想落成，要先把客户喝倒！"于是为了顺利地完成签单，许多销售新人开始把"酒场"当战场，想方设法劝客户多喝几杯，客户不喝到量，就说他做人不实在。可是这种"以酒论英雄"，对酒量大的人还可以，酒量小的怎么办呢？有时过分地劝酒，搞不好会弄得客户很不愉快。

酒场上敬酒是为了让客户尽兴，对自己的社交有帮助，而不是用酒将感情肆意燃烧，因此，当发现客户已经不能再喝时，业务员就应该马上当机立断，该停手时就停手，或者只把酒当作饭局中的作料，进餐也能进出一份好情谊。

一日，销售新人王鑫约几位客户吃饭。在饭桌上，王鑫热情地向大家敬酒，然而敬到李老板时，李老板推脱道："不好意思，我不能喝酒。"

可王鑫就是不信，硬生生地说："李大哥，今天你不喝可就是不给小弟面子，不！是不给大家面子。"

无奈，李老板不得不为了顾及大家的面子，勉强喝下了一杯。谁知刚喝完，王鑫又说道："李大哥，您今儿喝酒不爽快，您得再自罚一杯才能对得起大家。"李老板面露难色，拿起酒杯艰难地喝了下去。酒席间王鑫又多次向李老板劝酒，李老板面对众人不好推辞，只得无奈地咽了下去。

不久，李老板喝得面红耳赤，趴在桌子上沉醉不起。王鑫以为李老板不过是喝醉了，也就没怎么在意，继续和其他几位客户喝酒聊天。饭后，大家正欲离开之时，见李老板依旧躺在桌子上不起来，都不免有些好奇。王鑫机灵，在李老板的背上敲了几下，李老板仍是不起。王鑫有些慌张了，搬起李老板的头，定睛一看，只见他满脸都是红疹，顿时吓了一跳，赶紧和众人一起将他送去医院。医生检查发现，李老板对酒精过敏，而且患有高血压，辛亏送医及时，不然就会有生命危险了。

事后，李老板打电话向公司投诉，说公司业务员的素质太差，让他在众位同行面前丢尽了面子，所以他不打算继续合作了。据说因为这件事，销售经理还把王鑫狠狠地批评了一顿。

一谈到和客户吃饭，很多业务员的想法就是"不喝酒就提不起气氛！""不喝酒，吃饭就没什么劲气了！"所以，一遇到一些不善言辞的客户，销售新人就会一直灌对方喝酒，直到把他灌"倒"为止，因为在他们看来，只有这样才能体现出酒局的热闹气氛，才能表现出自己对客户极度的热情与情谊。久而久之，很多销售新人就把敬酒与灌酒划上了等号。

事实上，敬酒不等于灌酒，喝好也不等于喝倒。业务员在饭桌上向客户敬酒的最终目的无非是让客户喝好，以便让客户加深对自己的印象，进而让自己的签单之路走得更为顺畅一些。这时候，让对方喝好远比让对方喝倒的效果好。

一、喝酒伤身。想必业务员也清楚，一个人体内摄入过多的酒精后，会异常难受，重者甚至会反胃，头疼欲裂。有些客户因身体不适，还可能诱发一些身体疾病。为了避免危害到客户的身体健康，敬酒时，业务员当以适中为宜，不可做得太过了。

二、喝酒还可能引发一系列的伤害。饮酒过量会降低一个人大脑的自控能力，结果容易造成一些意料之外的伤害。我们常在网上或报纸上看到一些因酒局引发冲突的事情，结果原本美好的局面弄得势不两立，甚至头破血流。又或者引发一处又一处的交通事故。近些年来，因为酒后驾车而失去生命、家庭、前途的事情，想必业务员们也已经屡见不鲜了。

三、有些客户十分讨厌别人向他劝酒。如果业务员碰到的是不善于喝酒的客户，对方一再推辞，而你却不予理会，依旧强迫客户喝酒。想必仅此一次，等你若再想约客户，会是难上加难。

喝酒虽然可以用来助兴，但也要做到点到为止。毕竟过量饮酒不但害人，而且害己，所以，业务员们一定要明白这个道理。一名合格的业务员要将喝酒和健康、家庭和睦、交通安全和社会和谐联系在一起，而不能把"感情深，一口闷"等这些不合场景、不负责任的话挂在嘴边。客户不想或不能喝，就不要赶鸭子上架死命地灌酒。

其实，现今，很多业务高手已经意识到灌酒对人体健康的危害，因此，流行着很多反对劝酒的话，"酒逢知己千杯少，能喝多少喝多

少。""喝红了眼睛喝坏了胃，喝得记忆大减退。""只要感情有，喝啥都
是酒""万水千山总是情，少喝一杯行不行？""酒量不高怕丢丑，自我
约束不喝酒""来时老婆有交代，少喝酒来多吃菜。""危难之处显身手，
兄弟替哥喝杯酒。"等。

当然，以上所说，并非是让业务员们不喝酒，而是希望业务员们能
够适量喝酒、谨慎喝酒、安全喝酒，而不是比拼喝酒，为面子喝酒或者
玩命地喝酒。

敬酒，敬的是份心意和敬意，只要感情传达到了，不是酒量可以代
替的。有经验的业务高手在酒席上善于察言观色，颇具一份体贴周到，
成熟沉稳的大气感。比如，他们心知肚明：与其为客户添酒，不如帮客
户倒杯茶。遇到客户醉意朦胧，他们会体贴地问候一句："您还好吗？
喝杯茶醒醒酒！"

酒这种东西，有利也有弊，喝好了万事畅通，喝不好阻隔重重。
所以业务员在敬酒时，一定要把握好度，别再傻傻地将喝好跟喝倒挂
钩了。

7. 幽默能使你成为饭局的主角

在饭局上，让客户笑得越开心，气氛才越高涨，而笑话绝对是引人
发笑、让人愉快的最佳选择。同时，一个会讲笑话的业务员，在客户眼
里往往是幽默、聪颖、有内涵、细心的人，这样的业务员通常也很受客
户欢迎。

邹思明和几个客户出去吃饭，然而在席间，有两个客户因为意见不合发生了点小争执，闹得有点不愉快。这时，有客户为了转移他们的注意力说道："咱一会儿去KTV狼嚎几声怎么样？"

邹思明一听这话，灵机一动说道："大哥，你一说起KTV，我想起过去曾在那里面发生的一件事，一次我跟同事去KTV唱歌，点歌时，一个同事大声喊：'给我点一首屎壳郎子的二零零二年的第一场雪。'"

几个客户听了，顿时都哈哈大笑起来，有人道："你那同事也太搞笑了。"邹思明笑着回应道："我当时差点没被卡在喉咙里的酒给呛死，明明是刀郎好吧！"客户又继续大笑。

这时邹思明又继续说道："说到呛，我又想起前些年去一同事家做客，那天我们一进门时，原本同事正打算去厕所，可看到我们进来，他连忙打招呼道：'你们坐哈，我去厕所给你们倒点儿茶喝。'"

"噗！"一位客户把嘴里的茶水喷了出去。"哈哈……！不行了不行了，邹思明，你想笑死我们啊！"饭桌上的客户一个个笑得前仰后合，先前的一点点不愉快也早就消失殆尽。就这样，这顿饭在大家热热闹闹的谈笑中结束了，以后再有饭局，客户总不会忘记叫上邹思明这个幽默的笑话高手，因为只要有他在，就从不担心饭吃得太寂寞、酒喝得太无聊。不久邹思明顺利地拿到了几位大客户的单子。

幽默、健康的笑话可以帮助业务员调节饭桌上的气氛，更好地处理酒席间的沟通问题。无论是打破紧张、压抑，还是扭转不愉快的氛围，或者炒热气氛好说话，打破尴尬的局面，偶尔来点小笑话，绝对错不了。

顾曼璐是一家知名酒企的金牌业务员。一天下午，她约几位客户在市中心的一家酒店洽谈业务。大家谈得很开心，不久就聊到了一些家庭生活话题上来。这时，有个平时油嘴滑舌的客户轻声地对顾曼璐说道："我问你一个问题！如果在一个漆黑的夜晚，你正一个人走在回家的路上，这时，突然有人从背后紧紧地抱住你，你该说什么？"

大家都被他的问题深深吸引了过来，开始逐个发表意见，有客户说要喊"非礼"，有客户说"饶命"，也有客户说"要钱给钱"，大家各抒己见。这时，顾曼璐开口了，她笑着说："亲爱的，请放开我。"

这话刚落地，几位客户顿时就愣住了，觉得她的回答莫名其妙。但三秒还未过，就有客户哈哈大笑起来，随即大家恍然大悟，均忍俊不禁。原因只在"亲爱的，请放开我"一般是情人间亲昵的用语。想必到时那劫匪也会抱着肚子趴地下吧。想到这里，大家都不得不对这位金牌业务员的智慧所折服。

业务员去应酬客户，原本时间就比较紧凑，倘若想让客户尽快对自己敞开心扉，使自己在谈正事时遇到的阻力少一些，就得先让客户开怀大笑，只要客户开心地笑了，你的事情也就好办了。酒席间，业务员要想给客户留下良好、深刻的印象，就要善于运用幽默的力量。比如，在跟客户聊天的时候，总是客客气气的，难免太疏远了。这时业务员不如在客户们酒喝得正开心的时候，插进一个小笑话。你要相信，一个不拘言笑或神情抑郁的业务员，永远都不会比一个面带微笑、风趣幽默的业务员更受欢迎的。

那么如何搜集这些笑话呢？成功非一日，积累在平时。平时业务员应该养成搜集笑话的习惯，去网上查查一些经典笑话的例子，也可以从身边的朋友、同事的口中搜集。业务员的身边并不缺爱讲笑话的人，而且他们的笑话往往是经典中的经典，让人想不笑都难。其实这些笑话业务员都可以拿来借用，尤其当他们的笑话也是通过平时的经历搞鼓出来的时候，你大可以搜集起来，用到自己的应酬上。

除了运用别人身上的笑话，业务员自己也经常经历一些引人发笑的场景，而这些亲身经历的，是别人不会用到的，如果你有心，不妨把那些精彩的小片段记录下来，作为自己独有的小笑话，用起来才得心应手，还会引得客户开心大笑。

最后，也提醒一下销售新人，在不同的场景之下，并不是所有的笑话都合适宜。客户的身份越尊贵，业务员的笑话越要上档次，在用词还有情节上既要健康又要不落俗套，这样，客户首先听着舒服，等听到笑点时，自然而然笑得开怀。所以，业务员在使用这些笑话之前，一定要考虑清楚它们能不能用。

对业务员来说，在饭桌上不失时机地讲上几个小笑话，不仅能够活跃现场氛围，还能给客户留下深刻的印象，使自己获得好人缘，进而向签单的道路上迈进坚实的一步。

8. 小游戏大作用

业务员和客户出去吃饭，经常会遇上一个尴尬的问题：冷场。场子一旦冷了，你的签单也会泡汤。所以业务员对这点一定要提高警惕。特别是和不熟悉的客户在一起时，对方常会觉得拘谨，放不开，从而令整个席面总是客客气气的，没有温度，酒喝得再多也是无趣，没意思。若想让场面升温起来，不如玩些最受欢迎的酒桌小游戏，让大家互动起来，让客户玩得痛快、喝得开心，你的签单任务也会水到渠成地完成。

说得好不如赶紧行动来得实在，下面，就为销售新人介绍十二种最受欢迎的酒桌小游戏。

（1）两只小蜜蜂

动作：两人面对面，先是两手作兰花指状展开双臂上下飞舞，然后两手换掌状于胸前交叉飞舞，之后出手锤子剪刀布，赢者伸掌作"摔巴掌"状，口念"啪啪"，输者和声"啊啊"，不输不赢则同时努嘴作"咋咋"亲嘴状。

念词：两只小蜜蜂呀，飞在花丛中呀，飞呀、飞呀……

胜负：看谁反应速度快，负者罚酒。

（2）国王游戏

先是给每个人分一个数字，然后抽出一人做国王，国王可以命令任何人做事情，比如1号和3号接吻。有时，是两个男的吻。如果有一方不愿意，那就喝酒。

（3）我爱你 VS 不要脸

众人围坐成一圈，规定只能对自己左边的人说"我爱你"，对右边的人说"不要脸"。两人之间只能连续对话3次。一旦有人说错，即受罚。

这个游戏的亮点在于，当游戏达到一定速度时，反应跟不上的人，往往会出现"我……不要脸"之类的经典"自白"，大家可以说："既然脸都不要了，喝一杯吧。"

（4）传牙签

参与游戏者每人抽一张扑克牌，然后按扑克牌大小的顺序坐好，持最小（或最大）的那张扑克牌的人为先头，用嘴衔住那根牙签，依次传到下一个人的嘴里，而且不能借用手或任何工具帮忙，如果掉了，那自然要受到惩罚喽。传完一圈后，游戏未完。将牙签折一半，继续抽扑克牌，按新的顺序坐好，接着下一轮的传递……继续折一半……再折……游戏越来越刺激。

（5）一只青蛙

参与者围成一圈，面朝中央。主持人念"一"，顺时针下一位念"只"，然后"青""蛙""跳""进""水""中""扑通"；接着是"两只青蛙跳进水中'扑通扑通'"……依此类推，跟不上节奏或出错者罚酒。

（6）箩卜蹲

将参与者分成四堆以上，每堆人手牵着手围成一圈，给每堆人以颜色或数字命名，任意指定一堆萝卜开始统一下蹲，同时还要念词，再指定别的萝卜堆做同样动作，目标要一致，依此类推但不能马上回指。

举例说明：有红、白、黄、紫四堆萝卜，白萝卜先蹲，蹲的时候念"白萝卜蹲，白萝卜蹲，白萝卜蹲完红萝卜蹲。"念完后所有白萝卜手指一致指向红萝卜堆。红萝卜们马上要开始蹲下且口中一样要念念有词，之后他们可以再指定下一个，但不能是白萝卜。

（7）抢椅子

台上置三张椅子，邀请四个人上来，放音乐，四个人伴着音乐围着椅子转，当音乐突然停时抢椅子坐，未坐到者淘汰；然后减一把椅子，三个人续前动作，当音乐突然停下时抢坐两张椅子，未坐到者淘汰；最后两人抢坐一张椅子，坐到者为胜。其余人统一受罚。

（8）七、八、九

两粒骰子，一个骰子盒，两人以上可玩，轮流摇骰子，每人摇一次则立即开骰子，如果尾数是7的则加酒，尾数是8的则喝一半，尾数是

9的则要喝全杯，其他数目则过。轮流一人摇一次，可能有的人只能加酒却不会受罚喝酒，但也有的人可能每次都要一个劲地喝酒，那就要看运气了。

（9）007

由开始一人发音"零"随声任指一人，那人随即亦发音"零"再任指另外一人，第三个人则发音"柒"，随声用手指作开枪状任指一人，"中枪"者不发音不作任何动作，但"中枪"者旁边左右两人则要发"啊"的声音，而举手作投降状。出错者罚酒。

（10）虎、棒、鸡、虫令

分别有四种动物，老虎、棒子、鸡、虫，一物克一物。虎吃鸡，鸡吃虫，虫蚀木，木打虎。这个是两人游戏，需要两人相对而坐，各用筷子相击，一人喊"棒子"，对方就要做出老虎的模样。顺序可以互相颠倒，但一定要一物克一物。比方对方敲完筷子喊"虫子"，结果你做出老虎或鸡的样子，你就输了，认罚吧！

（11）大冒险

参与者每人抽取一张扑克牌，其他人不许看。由庄家指定拿到哪一张牌的人来表演一个节目。节目一定要刺激，譬如要选中者到隔壁的酒桌上要一杯酒，或者到舞台上向所有在场女士说"表妹，我爱你们"，总之指定的节目越荒唐、越刺激越好。

（12）开火车

游戏开始之前，在座各位每个人说出一个地名代表自己，但不可重复。游戏开始后，假如你来自上海，而另一个来自山东，你就要问："上海的火车就要开。"大家一起问："往哪儿开？"你要答："山东开。"那个代表山东的人就必须接着说："山东的火车就要开。"大家便继续问：

"往哪儿开？"他回答："往北京开。"那么接下来就要由规定是北京的人继续接下去了。若对方一时没有反应过来，或者忘记各位的选地，说错或结巴，就是输了。

酒桌上的小游戏不仅能调节气氛，还能给不能喝酒的人一次表现的机会，所以如果销售新人不善饮酒，不如在这方面动动脑子吧。

9. 酒桌上说错话的自我解围技巧

俗话说，"常在河边走，哪有不湿鞋。"业务员在酒桌上，经常会因一时口快或因酒精作祟，产生口误，说错话。结果，不仅煞了现场的气氛，还令自己后悔不已。其实，在酒桌上说错话很常见，只要业务员能尽快找到妥善处理的办法，是可以弥补的。

一个周末的下午，业务员蔡芬和同事们与一个王姓客户一起喝酒。谁知那位客户的酒量并不太好，三杯四杯下肚，已经有些醉了！可酒还是得敬，刚好才轮到蔡芬上前敬酒。

那位客户一副喝高了的样子说："慢慢喝！慢点喝！"

蔡芬觉得不好意思，赶紧说道："要不这样，我干了，您随意！"

可她的话音刚落，一桌子的人都笑了。蔡芬这才意识到她的话很不合时宜，脸刷地就红了，恨不得找个地缝钻进去。但她却一时不知道该说什么，赶紧把酒干了，而那位客户也随即把酒干了。蔡芬每每回想起那次的尴尬局面，就让她心里不舒服。同事们也常拿那件事情取笑她。而她更不敢出现在那位客户面前。

像蔡芬这样，在客户招架不住的情况下冷不防地冒出一句"我干了，您随意！"显然是在醉老虎嘴里拔牙，很伤客户面子！其实，像这种情况，也不是没犯法弥补，不过要小小牺牲一下你的形象，而且你要演得逼真。比如，你端起杯来就往嘴里灌，然后，突然像呛住一样喷出去，接着说："哎呀！呛死我啦！好辣！谁告诉我一杯喝下去容易啊？王老板，对不起啊！我其实不会喝酒！出丑了！等以后我练好了酒，再敬您！"这样做一来可以转移大家的注意力，不再回想你刚才的窘境；二来，客户也不必再喝下那杯酒。

当然，并不是所有的业务员在说错话的情况下都能机智地进行表演。如果你的表演水平不到家，只会让客户觉得你做作、虚假。

那么怎样才能最快效地扭转尴尬局面，或是争取到别人的原谅呢？最好的办法绝对不是解释，因为解释在这里是多余的，错了就是错了，理由反而只会让别人觉得你软弱无能，同时再合理的解释对别人来说并不重要，反而令人觉得反感，所以，业务员首先得放下找借口的习惯。

有句话说"敬酒不吃吃罚酒"，既然是在酒桌上犯的错误，业务员想在酒桌上扳回这局，还得靠酒。常言道，酒桌上的诚意用酒来说话，业务员既然不小心说错了话，何不妨自觉罚酒一杯呢？如此一来，不仅可以体现出你的豪迈、敢做敢当的气魄，还能镇住那些想借题发挥、以此来为难你的人。

业务员马晓涛和几个同事去聚餐，在席间，几个人谈论起他们经理的种种行径，均是一脸的愤愤不平。

同事周杰："咱经理这人太不够朋友了，有一次，一位大客户找我签单子，他竟然抢了我的功，那可是五百万的大单子呀！可以给我发不少的提成呢！哎！"

马晓涛听了，有些不敢置信地道："不可能吧？咱经理怎会干那样的缺德事儿呢！"周杰立刻不悦道："你的意思是说我说谎咯？"另一位同事见周杰真生气了，赶紧帮衬道："咱经理是靠着他叔叔是公司一位董事才当上的官，论能力，他还不如咱呢！"

马晓涛一看这情形，知道自己得罪了人，赶紧说道："哎呀！我怎么把这茬给忘了？是我错了，我先来自罚三杯酒。"话还没说完，马晓涛就一连喝了三杯酒，周杰这才叹了口气道："算了，看在你这么有诚意的份上，我就不计较了。"马晓涛会意，笑道："呵呵！就像《西游记》中，有背景的妖怪都被带走了，没背景的妖怪全被孙悟空打死了。咱想要翻身，还得继续修炼啊！"同事们听了他这话，不禁莞尔一笑，刚刚还不愉快的气氛瞬间冲淡了很多。

酒桌上说错话、做错事，解释就是掩饰。因为申辩的话相当于是抗议，是不承认自己错了，这无疑是给正在气头上的人再火上浇油，因此，解释只会使事情变得更加糟糕，让好好的一个饭局成为争执的场所。

所以，为了让大家相信你的诚意，业务员应当什么多余的话也不用说，先罚酒，等你罚酒后，其他人才好舒展内心的不快，也更愿意主动询问你做错的原因。

业务员在酒桌上说错话需罚酒，但不一定是自罚三杯，假如你只是因为一时口误说错了什么，但情节不算太严重，只需罚一杯酒就可以了，只不过态度一定要有愧疚的感觉，这才能让对方感觉到你是真心悔过。

对业务员来说，酒场如战场，所以千万不能在酒场上掉以轻心，更不能说一些不负责任和不经过大脑思考的话。但是如果已经说错了话，就一定要找准机会及时补救。

第八章

业务之神的正面思维：
要学会用老板的思维来做销售

1. 销售没有苦劳，只有功劳

世界管理大师彼得·德鲁克曾说："没有利润，就没有企业。"利润对于企业而言，就像氧气、食物、水和血液对于人体一样，它虽然不是生命的全部，但是，没有利润，就没有企业的生命。业务员如果想在企业获得一席立足之地，就必须要提高自己的业绩，为企业创造利润。

对于企业来说，生存的唯一理由就是要创造利润。如果一个员工不能为企业创造利润，当企业面临亏损的时候，受到冲击的首先就是这批员工。2008年，一场金融危机席卷全球，世界各国的企业都遭遇了前所未有的困难。其中日本松下公司为了抵御全球经济危机所导致的巨额亏损，裁员1.5万人并关闭全球的27家工厂。

只有通过劳动，为企业创造价值，使企业赢利，才能获取报酬，才能有稳定的生活保障。有些销售新人总是抱怨待遇低、薪水少，却没有自问："我到底为公司创造了多少效益？"事实上，只有你为企业创造利润，企业才会给你财富；只有你为企业打造机会，企业才会给你机会！

只有初中文凭的李淑琴面试了好几家公司，终于被聘到一家厨房用具公司做业务员，试用期一个月。

公司所推出的厨房用具，一套的定价是3000元，虽然定价不是太高，但是由于市民对推销的反感及对业务员的不信任，李淑琴连续一个星期的奔波下来，竟没有签到一份订单。和李淑琴一起进公司的10位同事中，有三个顶不住，离职了。有三个同事眼看着，再这样下去也不是办法，于是他们悄悄地搞起了降价销售，最低时一套用具卖到了2000元，一套只能拿50元的提成。但是价格便宜，来订购的客户也越来越多。其他同事看着眼红，也争相仿效，一时间厨房用具价格一片混乱。唯独李淑琴始终坚持定价推销。

一个月后，销售经理把新人们聚集在一起，检查销售业绩。李淑琴是最心虚的，因为她只有三份订单，而其他同事，少则10份，多则30份。

这时销售经理开口了："经过公司研究，决定根据业绩在你们当中录取一人。"李淑琴听完这话十分沮丧，因为她知道自己肯定没希望了。

但是销售经理竟然大声地宣布李淑琴被录取。所有的同事，连李淑琴自己都深感意外。有几位同事心中不服气，向经理理论道："我们的业绩比她好，为什么只录用了她？这不公平！"

销售经理微笑着说："虽然她只有三份订单，但是她的三份订单都是按公司定价签下的。公司早有规定，不得抬价、降价，公司的定价已经全面考虑了员工和公司的利益，降价销售虽然在短时间内会给企业带来一些小利润，但是势必会影响企业的长远利益。李淑琴在困难时期依然为公司的利益着想，我相信她将会给我们带来最大的利润。"

态度决定成就，效益决定收益。是否被录用，是否能获得加薪，是否有希望被提拔，虽然表面看来决定权操控在老板手上，但归根到底还是在于你自己！

美国惠普公司创始人比尔·休利特和戴夫·帕卡德说过："只有在员工为公司创造出丰厚利润的条件下，他们的奖金和工作才能得到保障。公司只有实现了赢利，才能把赢利拿出来与员工分享。"企业要赢利，就必定会重用那些能够为企业创造利润的员工。同时，企业也会给予那些创造出优异业绩的员工最优厚的回报。

1999年3月，马云创建阿里巴巴网站。当时条件十分艰苦，没有办公室，马云就把自己的家当作办公室，和员工们一起把自己封闭在房间里埋头苦干，每天要工作16到18个小时。"阿里巴巴一旦成为上市公司，我们每一个人付出的所有代价都会得到回报。"创业初期的马云说道。

2007年11月6日，阿里巴巴在香港成功上市，最高兴的恐怕是阿里巴巴的骨干创业者和员工。因为马云当年的允诺超值兑现了。这次上市，造就的千万富翁就有千人之多。阿里巴巴集团旗下5家全资子公司的高管都成了百万富翁甚至亿万富翁。

其实，这些富翁们都是当年跟着马云艰苦拼杀的员工，他们排除万难，为企业的发展贡献了惊人的业绩。当然也有一些员工没能等到那一天，他们或是在阿里巴巴的冬天逃走了，或是在阿里巴巴大裁员时因业绩平平被裁掉了。

每一个老板在成立一家公司的时候，都立下了一个目标，那就是，使公司的利益最大化。作为业务员，你想领到更高的薪水，就必须努力为企业创造利润。如果你不能创造利润，只能被替换掉。如果你能不断地提升自己的专业能力，并学以致用，开拓你的思路，为企业创造更高的效益，你的前途和"钱"途，都必将越来越光明。

2. 木桶的短板迟早会被淘汰掉

心理学家荣格有一个著名公式："I+We=Fully I"。其大意是，一个人只有把自己融入集体中，才能最大程度地实现个人价值，绽放出完美绚丽的人生。现代营销是兵团作战，一个人单打独斗是永远跟不上时代的步伐的。如果说个人英雄是一滴水，那么团队则是一片汪洋大海，小水滴，一不留神就会蒸发掉，只有置身于团队这个"大海洋"中，才可能得以存在和发展。

业务员戴小军的同事张吉，论个人能力还是可以的。但是，他为人有些自傲，不喜欢和人合作，喜欢单打独斗，孤军作战，所以在团队中总是吃不开，处处掣肘，结果不光得不到提升或提拔，业务也越做越不顺利，路就越走越窄。

后来戴小军把他的缺点指了出来，张吉听完，认真反思起自己从前的工作，感到戴小军的话确实有道理，于是吸取了以前的教训，慢慢开始在工作中与大家进行交流和沟通，不久他的人缘越来越好，销售业绩也有了很大提高。

而戴小军的另外一个朋友赵亮，业务能力也很强，每年都是销售状元。可是一旦走上了领导岗位，他的弱点便马上显现出来。一次，总经理让张亮带领一群新人去推销产品，可是他带领的团队完全是一盘"散沙"，没有凝聚力，各吹各的号，各唱各的调，远远未能达到销售任务。事后张亮也承认，自己只能算是个人英雄，要想成为一名优秀的业务员，还必须磨砺自己的团队意识。

企业是一个讲究协同作战的战场，它只会看整体的效果，即使业务员的个人表演再精彩也无济于事。

据说麦肯锡公司在招聘人员时，曾遇到一位履历和表现都很突出的女性，她一路过关斩将顺利进入最后一轮面试。当面试官提问的时候，这位女性伶牙俐齿，抢着发言，在她咄咄逼人的气势下，小组其他人几乎连说话的机会都没有。但是，她落选了。因为人力资源经理认为，这个女性尽管个人能力超群，但明显缺乏团队合作精神，录用这样的员工对企业的长远发展有害无益。

每一个业务员，即便你的能力再强，也都有自己的短板，只有把自己融入团队之中，才能弥补短板的不足，进而迸发出更大的力量。所以，当一项工作或任务远远超出我们个人能力范围时，进行团队协作就势在必行。团队不仅能够完善和扩大我们的个人能力，还能够帮助我们加强和其他成员的相互理解和沟通，从而团结一致，战胜一切困难，获得最终的胜利。

大雁十分注重团队协作精神，当冬天来临，需要飞往南方过冬的时候，它们会组成人字形的飞行团队。当领头的大雁飞累的时候，它就会退下来，另一只就顶到前面的领飞位置，就这样不断变换领导位置。据说，大雁这样飞行的时候，能够比它们单独飞行要节省15%的能量。

在南极寒冷的极地地区，帝企鹅们为了抵御寒冷，密切合作。当外围的企鹅抵挡不住寒冷的时候，就退到后面去。然后里面的企鹅移动出来，它们迅速地变换位置，齐心协力，抵御寒冷。

如果想成为一个优秀的推销员，必须要像大雁、帝企鹅一样富有团队精神，把自己这块"钢"，放在团队这个"大熔炉"中，经过千锤百炼，才能创造优异的成果。

那么，业务员如何才能具备良好的团队精神呢？

（1）胸怀宽广

要想成为一个优秀的业务员，必须要有海纳百川的胸怀，这样不但能总结、褒扬和学习别人的长处，更重要的是，要能够适应不同的环境，容纳别人的不足，同时还要能听得进别人的意见和建议，容得下不同意见。

（2）不计较"蝇头小利"

一个优秀的业务员必须要有长远眼光。只有轻一己之利，重团队、他人之利，个人利益永远服从于团队和别人的利益，尽全力为团队利益做出贡献，这样才能不断地感动别人，在被别人接受的同时，使自己的团队越来越强，越做越大。俗话说"人心不足蛇吞象"，很多业务员的失败，都是因为把利益看得太重。

（3）建立和谐人际关系

优秀的业务员懂得尊重别人的人格和尊严，尊重别人的想法和建议，尊重别人的劳动成果和汗水。他们总是能够把团队拧成一股绳，集思广益，相互协作，心往一处想，劲往一处使，把凝聚力转变成强大的战斗力，使自己不断成长为"领袖"，果断出击，弹无虚发，成就一段灿烂的人生。

（4）谦虚谨慎、勇于承担责任

个人英雄主义的人永远不可能成为优秀的业务员。在团队中，很令人不服气的是夸夸其谈、不干实事的人，很令人讨厌的是居小功而自傲、觉得自己了不起的人，很令人愤慨的是"见了功劳闻风上，遇见责任躲一旁"的人。而谦虚的人总会让人感觉温暖，勇于承担责任的人总会让人感觉可靠。

（5）公正做人，诚信做事

业务员如果想在团队中获得长久的发展，就必须要公正、诚信。有些业务员，人们跟他的交往中，一开始往往觉得感觉不错，时间一长，可能就很难接受了，因为他就像"墙头草"，让人觉得没有安全感和责任感，会产生不可靠的感觉。

3. 借口和理由是最无能的体现

在美国西点军校，有一个广为传诵的悠久传统，那就是遇到军官问话时，只有四种回答："报告长官，是！""报告长官，不是！""报告长官，不知道！""报告长官，没有任何借口！"除此之外，不能多说一个字。作为业务员也应该记住"失败是没有任何借口的"，与其为失败找借口，不如为成功找方法。

杜超是一家食品公司的业务员。本市有家大型连锁Ａ卖场，对于占领该市的终端市场极为重要，于是销售总监决定让杜超去联系。事实上，在他之前，公司已经先后派出了好几位优秀的业务员，但是他们都败下阵来，原因是Ａ卖场在当地是零售业老大，所以一向霸道，没有熟人关系进场费用开价很高，而且不给还价的机会。

杜超接到这个艰巨的任务之后寝食难安："烫手的山芋丢给我真是有喜有悲呀！如果该任务完成，升迁是顺理成章的事，但完不成任务，同事们一定会质疑我的能力，说不定哪天老板就会让我卷铺盖走人。这该怎么办呢？"虽然他一度想拒绝，但是最后还是咬咬牙去了。

接下来的几天，杜超去拜访Ａ卖场的销售经理黄总几次，等了很长时间连面都没见到，他知道这是黄总故意不给他任何压价的机会，逼迫他同意苛刻的条件。此路不通，另辟蹊径。聪明的杜超瞄准了黄总的太太，他多方打听了解到这位太太在一家银行工作，于是他请一个做保险的朋友以推销保险为由主动认识这位太太，然后再让他把自己也介绍给这位太太认识。不久，杜超通过给这位太太的小孩子买礼物等手段拉近距离。待时机成熟后他又暗中请这位太太把自己引荐给黄总。一见面，黄总就深感杜超的用心良苦，爽快地以友情价让他们的产品进驻了卖场。

有的业务员面对失败时，总喜欢给自己找借口。他们或者责怪公司不好，或是责怪训练不好，或是说产品太贵不好卖，或是责怪客户太低级没水平。总之他们绝不检讨自己到底犯了什么错。

其实，他们之所以喜欢给自己找借口，无非是借口可以把属于自己的过失掩饰掉，把应该承担的责任转嫁给社会或他人，从而使自己的心理上得到暂时的平衡。但是长此以往，因为有各种各样的借口可找，他们就会疏于努力，不再想方设法争取成功，而把大量时间和精力放在如何寻找一个合适的借口上，时间久了只会让自己深陷借口的泥沼之中。

失败者找借口，成功者找方法。为什么大多数业务员不能成功致富呢？就是因为总是给自己的失败寻找借口。如果你想成为一名优秀的业务员，就停止抱怨，给自己的成功找一个好方法吧。

1956年，福特汽车公司推出了一款式样新颖、功能优良、价格公道的新车。按理说这款车的销量应该很好，但是实际情况是，很长一段时间，这辆车一直无人问津。

公司的高管们急得就像热锅上的蚂蚁，但绞尽脑汁也找不到让产品畅销的方法。这时，有一位刚刚大学毕业的销售新手——艾柯卡，他自告奋勇地说："我有好办法。"所有的人都很吃惊，他的好办法究竟是什么呢？

其实，这个办法就是在报纸上大打广告，内容为："花56元买一辆56型福特。"具体来说就是，谁想买一辆1956年生产的福特汽车，只需先付20％的货款，余下部分可按每月56美元的方式逐步付清。

事实证明这一办法十分灵验，因为"花56元买一辆56型福特"的这种宣传，不仅打消了很多消费者对车价的顾虑，还给他们留下了"每个月才花56元就可以买辆车，实在是太合算了"的印象。结果在不到三个月的时间里，这款汽车在费城地区的销售量从原来的末位一跃成为冠军。

而艾柯卡也很快受到了公司高层的赏识，不久便升任地区经理。后来，他又为公司的发展推出了一系列富有创意的方法，最终脱颖而出，坐上了福特公司总裁的宝座。

有人说，失败是有意义的，它的意义在于，让人从中吸取教训，走向成功。对于业务员来说，推销是一件辛苦的事情，很多时候我们要经过多次尝试才能获得成功。在成功之前，我们都有犯错的时候，这个时候别人可以原谅我们，但我们自己绝不能原谅自己，必须要弄清楚自己错在哪里，进而为成功找出好方法。

我们再来看一下李嘉诚的故事。

年轻的时候，他曾在一家企业当业务员。有一天，他去一栋写字楼推销一种塑料洒水器，可是一上午过去了，他的洒水器仍然无人问津，如果下午还是这样，那回去将无法向老板交代。

虽然屡屡受挫，但是他还是不停地给自己打气。下午，他精神抖擞地走进了另一栋办公楼。一进去，他就发现楼道上布满了灰尘，机灵的他，这次没有直接推销产品，而是赶紧去洗手间，往洒水器里装了一些水，然后在楼道里悠闲地喷洒起来。不一会儿，原来脏兮兮的楼道，一下变得干净了许多。这一举动，很快引起了后勤人员的兴趣，他们纷纷前来问询，就这样，一下午他就卖掉了十多台洒水器。

李嘉诚的这次推销之所以能够取得成功就是因为他抓住了客户的心，看到的好，不如使用起来好。空口无凭，亲自示范才是硬道理。

业务员在推销的过程中，难免会遭遇挫折和失败。失败不可怕，可怕的是面对失败时不敢承担责任，设想，谁愿意跟一个文过饰非的人合作呢？

成功的人不断地寻找方法求突破，失败的人不断找借口抱怨。当你不再为自己的失败找借口的时候，你离成功就不远了！

4. 拿捏好公司和客户之间的利益

有人说，业务员是公司和客户沟通的纽带，不错，很多时候，业务员的一举一动都会影响公司和客户的关系。如果业务员处理得好的话，会让公司、客户双方都满意。

但是也有的业务员经常抱怨自己夹在公司和客户之间左右不是人，不是得罪了公司领导就是得罪了客户。其实他们之所以会发出这样的感慨，就是因为不会平衡公司和客户的利益。

业务员是公司和客户之间的纽带，也是公司与客户的润滑剂，一个优秀的业务员最重要的任务就是平衡客户和公司的利益，并且找到自己角色的定位。只要找到公司和客户之间的利益平衡点，就会让两边都笑得很开心。

李军是国内一家知名手表公司的业务员。入行不到两年，就已经为公司带来了三百多万的销售业绩，而且不断升职，这是为什么呢？

原来，李军十分注重维护公司和客户的利益。每次客户向他下订单，他都会在第一时间对原材料质量、配件商交货时间、工厂生产时间、大货质量进行亲自把关，以确保产品是完美的，将其好好地交到客户手里，并作好售后跟踪。凭着这种认真负责的态度，李军积累了不少长期客户，给公司带来了不少利益。

这一次，李军又接到一个长期大单，但是客户张老板方面一直压价，而公司高层方面拒不还价。于是双方争执不休，李军夹在中间十分难受。

销售经理说："同一款手表下单的数量达到10万个以上，公司才会降价0.1％。"客户说："每只必须降价0.1％，我们才会购买。"双方互不相让。李军纠结了很久之后，心想：我和张老板认识很久了，从他手上也拿到了不少的单子，这次如果能够合作成功，日后他一定会继续跟我合作，而且会介绍更多的客户给我，公司也一定会拿到更多的订单。

思考再三之后，李军找到了销售经理。经过一番争论之后，销售经理决定当下单的数量达到10万个以上时，会返还给客户五万元，但是这个钱必须到协议的最后一天才能返还给客户。客户听完后有点不高兴，聪明的李军赶紧给销售经理打电话，问他可不可以在尽量保证公司的利益不受损失的情况下，额外赠送一些小礼品给客户。销售经理点了点头，于是李军把公司生产的小礼品送了一些给客户。客户觉得合作得很愉快，爽快地下了12万个订单。而公司从这笔订单中也获得了100万的收益，远远超出了预期。

作为业务员经常会陷入和李军一样的困境之中。公司不满意客户的要求，客户也不愿意顺从公司的安排，两方都想获得最大的收益。但是，当双方的收益天平失衡的时候，必然有一方要退出，如此一来，交易不能顺利完成，双方都不能获益。

这个时候，巧妙的沟通在中间起着非常重要的作用。如果能够用一种委婉的方式让双方都后退一步，站在利益的平衡点上，不仅能保证双方的利益底线不受侵犯，还能顺利完成交易，甚至为下一次的合作打好基础。

销售就像公司和客户之间的一座桥，而业务员应该明白，公司利益和客户利益不仅不是此消彼长，一定程度上是"互为因果"。所以，就要在公司利益和客户利益之间找到一个平衡点，这样的客户关系才能持久。

作为业务员，你不妨分析一下长远效益和短期效益的利害关系，找准纠纷的关键点，找到足够的、有说服力的证明或者道理，努力地说服公司和客户，让两者都能明白，没有解决不了的问题，等发现有共同的目标和利益，是一个利益共同体，而不是敌人，双方各让一步，友好地解决争端，以达到长期合作的目的，虽然眼下有所损失，但如果能长久地合作下去，所获得的利益要远远大于这点损失。

一般来说，客户压价的情况更多一些，这个时候你就要充分发挥自己的聪明才智了。具体来说，怎么做呢？

首先，告知客户一分价钱一分货，既然知名品牌可以以这样的价格取得如此良好的市场份额，我们同样可以。

如果客户仍然不同意，可以与客户进行深度沟通，告知客户，企业会给客户一系列的优惠，以便打开市场进而占领市场，也可适当介绍企业将推出的某些促销和宣传政策。

为了更有效地赢得客户的心，不妨告知客户本企业具体的年度、月度产品宣传计划。如果已经开始在大众媒体宣传，询问客户是否看到；如果准备在当地媒体宣传，提醒客户届时关注，一定要再三强调，以加强客户对企业和产品的信心。

最后切记不要只降价，而不改变其他附加条件。比如说延长交货时间、减少某些服务、增加单批订货量而适当调整价格，从而让客户感觉到自己的价格体系是很严格、很科学的，以便促成交易。

总之，业务员要站在公司、客户、自身三个角度上力求平衡，用真诚打动客户的心，从而加深客户对你的信任。

5. 为公司着想其实是为自己着想

作为一名业务员，你需要经常问问自己："我能为公司做什么？""我能为老板做什么？""我能为企业带来什么利润？"当你处处为公司着想，并主动维护公司的利益，为公司解决难题的时候，你就会成为公司不可或缺的人物，成为老板最器重的人才。

张丰和陆涛到一家大型公司应聘业务员，经过几番激烈的角逐之后，两人一同进入了复试阶段。

公司销售总监给两人分派了不同的任务。他让张丰去一家指定的商场采购一打铅笔。由于公司距离商场只有一站路，所以他建议张丰乘公交车去，然后自己买车票，回来报账。接着，销售总监又吩咐陆涛也去那家商场买一瓶墨水。

20分钟后，两人先后回到公司。销售总监让他们报账，张丰除了买铅笔的钱，来回坐车的钱是2元。而陆涛来回坐车的钱是4元。

"为什么同样的路程乘车费却不同呢？"销售总监问起了原因。张丰说为了省钱，自己坐的是普通公交车，单程票价只要1元。陆涛因为天气酷热，选择了凉爽的空调公交车，所以一个来回下来要花费4元。

后来，张丰被公司录取了。销售总监这样对陆涛说道："我希望我们的员工能够处处为公司着想，像张丰这样的具有成本意识、懂得为公司节约的人，将来才能为公司赚钱。"

每一个老板都希望员工能和自己一样，将公司当成自己的事业，处处为公司着想，尤其是在竞争日益激烈，公司的利润变得越来越来之不易的今天，老板们都希望自己的员工能够像张丰一样具有节约意识，处处为公司节流。

有的业务员可能会说："这又不是我的公司，我为什么要为他着想？""我这么辛苦，但收入却和我的付出不成比例，我努力工作有必要吗""与其为公司着想，还不如为客户着想，毕竟客户才是我的衣食父母呀！"其实这都是缺乏主人翁意识的表现。

当一个业务员进入公司之后，就成为了公司的一分子，就有责任为公司奉献一份力。毕竟你的前途是和公司的命运紧紧联系在一起的，一荣俱荣，一损俱损。当你将身心彻底融入公司，尽职尽责，处处为公司着想时，那么任何一个老板都会视你为公司的支柱。

赵博刚到一家钢铁公司工作还不到一个月，就细心地发现一些矿石中还残留没有被冶炼好的铁。

他害怕这样下去会给公司造成巨大的损失。于是，他向负责这项工作的工人说明了问题，工人不太相信他所说的话，固执地回答说："现在还没有哪一位工程师跟我说明这个问题，就说明我们的矿石现在没有任何问题。"

赵博见状，又把他的发现告诉了负责这项技术的工程师，没想到这名工程师也不相信他所说的话，生气地回应道："我们的技术是世界一流的，怎么可能会有这样问题？你一个刚刚毕业的大学生，能明白多少，不会是因为想博得别人的好感而表现自己吧。"

尽管不被人理解，但是赵博认为这是个很大的问题，如果不向上级说明，一定会给公司带来损失。于是他又拿着没有冶炼好的矿石找到了公司负责技术的总工程师。

赵博："师傅，我觉得这是一块没有冶炼好的矿石，你觉得呢？"

总工程师看了一眼，笑着说："年轻人你说得对。这是哪里来的矿石？"

赵博说："咱们公司的。"

总工程师不解地说道："怎么会，咱们公司的技术是一流的，怎么可能会有这样的问题？"

赵博坚定地回答道："这确实是咱们公司生产的，我可以亲自带你去看看。"总工程师真的跟随他来到车间，果然发现了一些冶炼并不充分的矿石。

事后，公司的总经理知道了这件事后，十分看重赵博，让他升任车间主任，并在大会上意味深长地说道："这么多工程师就没有一个人发现问题，并且有人提出了问题，他们还不以为然，对于一个企业来讲，什么是最重要的，我觉得是一个处处为公司利益着想的真正有主人翁精神的人才。"

如果一个业务员，只满足于简单地应付差事，而不追求更高的工作目标，那么他只能慢慢地走向失败，并且也无法得到老板的信任和提拔。相反，一个总是为公司着想的业务员会时刻问自己："我还能多做些什么呢？"当他有了这样的觉悟之后，就会主动为公司着想，这样他离成功也就不远了。

美国标准石油公司曾是世界上最大的经销商，有一段时间每桶石油的售价是4美元，公司的宣传口号就是：每桶4美元的标准石油。

当时公司有一位名叫阿基勃特的员工，他虽然身份低微，但无论外出、购物、吃饭、付账，只要有签名的机会，他都不忘写上"每桶4美元的标准石油"以代替自己的签名。时间久了，他在公司里有了一个外号叫"每桶4美元"。尽管受到各种嘲笑，但阿基勃特从不为之所动。

后来，公司董事长洛克菲勒知道这件事后，十分欣喜，激动地说："竟有职员如此努力宣扬公司的声誉，我要见见他。"不久，这位名叫阿基勃特的员工被洛克菲勒指定为自己的接班人，几年后他成为公司的第二任董事长。

比尔·盖茨曾说："一个优秀的员工，应该是一个具备自动自发精神的员工。他会积极地去做事，积极地去提高自身技能。这样的员工，不必依靠管理手段去触发他的主观能动性。"

以主人的心态去对待公司，处处主动为公司着想，并尽职尽责的业务员，才能与公司共同进步，获得双赢。

6. 有强烈的进取心

当一个业务员怀有强烈的进取心并持之以恒地保持销售热情的时候，他就能获得巨大的成功。

　　什么是进取心？进取心就是：你敢付出多少？你是否有破釜沉舟的决心？你是否具备"不能完成目标就去裸奔"的决心？要想成为销售精英，缔造销售神话，就必须具有强烈的进取心。强烈的进取心就是对大订单的强烈欲望，没有强烈的进取心就不会有足够的信心和决心。

　　下面我们先看看李嘉诚的例子。

　　年轻时候的李嘉诚曾在塑胶裤带公司做过业务员。进公司的第一天，他就给自己定下目标：3个月，干得和别人一样出色，半年后超过他们。

　　在这种强烈进取心的呼唤之下，李嘉诚十分卖力地工作。每天早上，他都要背一个装有样品的大包出发，乘巴士或坐渡轮，然后马不停蹄地走街串巷去拜访每一个客户。那时候别人每天工作8小时，他就做16小时。

　　他做任何事情，都会有强烈的必胜欲望。他背着大包四处奔波，在与客户交往的时候，不忘察言观色，判断成交的可能性有多大，自己还该做什么努力。

　　一年之后，他被升为部门经理，统管产品销售。这一年，他年仅18岁。两年后，他又被晋升为总经理，逐渐成为公司的砥柱，成为高收入的打工仔，是同龄人中的佼佼者。

　　李嘉诚的成功源于他强烈的成功欲望。一个进取心越强的人，目标就会越高，同时对自己的要求也会越严格。一个没有进取心的业务员，一定是追求大家和和气气、相安无事的工作状态，这样的业务员，往往不容易创造出更高的业绩。

当然，也有业务员会说："我也有强烈的进取心，我也想成为公司的第一名，为什么我没有成功呢？"其实，这是因为你缺乏持之以恒的热情。你很有可能怀着一种三天打鱼两天晒网的心态对待销售，所以你的进取心总是摇摆不定，一会儿浮上来，一会儿沉下去。很显然，这对你的销售是很不利的。

有研究表明，热情在销售工作中所占的分量很重。有的情况下，热情的作用甚至超出了业务员对产品知识的了解和掌握。但遗憾的是，很多业务员在销售的过程中并没有表现出足够的热情。或许是长久的工作使你变得越来越机械，进而也可能磨灭了你的热情。但是，如果你想成为一个优秀的业务员的话，就必须使自己的热情之火永不熄灭。

塞克斯是一个业务员，凭着自己的热情，他成功地叩开了无数经销商森严壁垒的大门。有一天，他路过一家商场，进门后先向店员问候几声，然后就与他们聊起天来。通过闲聊，他了解到这家商场有许多不错的条件，于是他想将自己的产品销售给他们，但却遭到了商场经理的严厉拒绝，经理甚至直言不讳地向他表明，如果我们进了你们的货，我们是会亏损的。

塞克斯哪儿肯罢休，他用尽了一切方法试图说服经理，但磨破嘴皮都无济于事，最后他只好十分沮丧地离开了。他驾着车在街上溜达了几圈后决定再去商场。当他重新走到商场门口时，商场经理竟满面堆笑地迎上前，不等他辩说，经理马上决定订购一批产品。

塞克斯感到很奇怪，最后商场经理道出了缘由。原来一般的业务员到商场来很少与营业员聊天，而塞克斯首先与营业员聊天，并且聊得那么融洽；同时，被拒绝后又重新回到商场来的业务员，塞克斯是第一位，他的热情感染了经理，为此也征服了经理，对于这样的业务员，经理还有什么理由再拒绝呢？

热情是一种内在的精神本质，它深入人心。商品是没有生命的东西，但客户却是有血有肉的人，会被热情所打动。即使是缺乏经验的销售新人，也能凭着不可抗拒的热情不断地将产品销售出去。

一旦拥有了强烈的进取心和持之以恒的热情，推销工作便会无往而不胜。

35岁以前，乔·吉拉德经历过许多失败，朋友都弃他而去。但他却说："没关系，笑到最后才算笑得最好。我要成为世界上最伟大的业务员。"3年以后，他成了全世界最伟大的业务员。

他曾说："在我的生活中，从来没有'不'，你也不应有。我不会把时间白白送给别人的。所以，要相信自己，一定会卖出去，一定能做到。所有人都应该相信——乔·吉拉德能做到的，你们也能做到，我并不比你们好多少。而我之所以能做到，是因为投入了专注与热情。只要你认为自己行就一定行，每天都要不断地向自己重复。"这是非常重要的自我肯定。只有让信念之火熊熊燃烧，勇于尝试，之后你会发现，你所能够做到的连自己都感到惊异！"

有人问他平均每天卖掉6辆汽车的秘密，他笑着说："我热爱我的工作。"正是这种热爱，让他在自己的职业生涯中，成为世界上最伟大的业务员。

如果你想成为一名成功的业务员，光有强烈的进取心是不够的，因为进取心会随着时间的推移而渐渐被弱化，只有在进取心之上付出持之以恒的热情，你才可能真正达成你的目标。

第九章

业务之神如何看待对手：
打败竞争对手不等于赢得利益

1. 搞臭对手也就搞臭了自己

销售行业是一个充满竞争的市场。为了在有限的时间里争夺最大的消费者，很多销售企业和业务员开始攻击他们的竞争对手，于是我们经常会听到诸如这样的论调："听说最近有很多大客户都从他们那里退货了，我们这里就有几家大客户是从他们那里转过来的……"或者"那家公司的内部管理十分混乱，购买他们的产品一定要当心……"甚至是"对面那家糕点铺的食品很好吃吗？听说有消费者告他们的食品里面含有防腐剂……"

但是这样的话，真的能如业务员所料想的那样，给竞争对手以有力的打击，进而让更多的消费者转投自己门下吗？答案显然是否定的。

实际上，当消费者听到这样的话语时，往往会对业务员的人品产生质疑，毕竟做生意也是讲究道德的。诋毁别人，暴露的只是自己缺失的一些东西，业务员所损害的其实是自己的形象。销售者攻击自己的竞争对手实际上是一种损人不利己的行为，攻击竞争对手不仅不会获得消费者的信任，反而可能将消费者拱手相让。

由于汤姆·霍普金斯在从事房地产交易工作时，业绩做得很好，一位名叫艾可的同事对他很是嫉妒，并把他看作事业发展道路上的眼中钉。

一次，艾可接待一位有意向购买三套房子的客户，这位客户是汤姆的一位老客户介绍来的。因此他希望由汤姆为他提供服务。但当时汤姆并不在场，而且根据房地产交易市场的规定，客户一般情况下应该由第一次接待他的接待员接待。于是艾可开始带着客户四处看房子。在看房子的过程中，艾可一有机会就向客户诋毁汤姆，说汤姆虚伪狡猾，有过欺骗客户的经历等。可是出人意料的是，第三天客户打来电话说他不准备通过这家房地产交易所买房子了，原因是"连汤姆那样优秀的交易员都如此不可信，那么这家公司一定不值得信赖"。得知了这件事情真相的交易所经理当即决定辞退艾可，然而所损失的这单生意却是无法挽回了。

对于竞争对手的评价，其实最能折射出业务员的素质和职业操守。业务员最好保持客观公正的态度评价竞争对手，不隐瞒其优势也不夸大其缺点，让客户从你的评价中既可以了解相关的信息，也可以感受到你的素质和修养。

带有明显主观色彩地贬损竞争对手并不能使你的身价抬高，相反，这更表明了你对竞争对手的嫉妒和害怕。客户很少会因为你的贬损而购买你的产品，即使他们会暂时相信你的话，等到发现事情真相之后，他们也会更加鄙视和远离你。

一名采购人员在市场招标时，需要购入一大批包装箱。收到的两项投标中，一项来自曾与自己做过多次生意的公司，另一个来自一个陌生的公司。那个曾经做过不少次生意的公司的销售经理找上门来，询问他还有哪家公司投标。他告诉这名销售经理是哪个公司，没有告诉他其他信息。这名经理马上说那家公司太小了，根本无法按照要求发货，很有可能耽误供货时间，选择那家公司是很有风险的等。采购员听完这名业务员的话后，明显感到了这名经理对另一家公司的攻击，但是这番话反而引起了采购员对于那家小公司的兴趣，于是他去了那家公司进行考察。后来，这名采购员同那家小公司签了订单。

一个聪明、成功的业务员知道，由于客户需求和自身产品特点之间的差异，使得每一个产品都有自身的优势和不足。恶意的攻击只会降低自己的品味，只有正确地评价竞争对手，不断地取长补短，互通有无，才能为自己赢得更多忠实的客户。

周晨是一家品牌化妆品专卖店的销售明星，邓子霞则是对面一家品牌化妆品专卖店的业务高手。她们两个人的销售业绩分别在自己的企业内部名列前茅，这是因为她们除了善于捕捉相关信息、能利用各种技巧打动客户之外，还勇于把不适合本企业化妆品的客户介绍到竞争对手那里。

周晨销售的化妆品主要是针对中干性肤质的客户，而邓子霞推销的产品则更适合于油性和敏感性肤质的客户。所以，每当客户来到她们面前时，她们都会针对客户的肤质和产品特点给予最中肯的建议，如果发现客户的肤质更适合对面竞争对手的产品，她们都会毫不犹豫地告诉客户："那个品牌的化妆品更适合您的皮肤……"

上面的故事很好地说明了这句话："不要说别人不好，而要说别人的好话。"攻击竞争对手的行为是一种损人效应，这种行为损人不利己。因为对竞争对手的攻击往往不会达成所想象的使自己生意兴隆的目的，反而会使自己在消费者心中的形象大打折扣。一个差劲的业务员背后说人是非，暴露的是自己品德的缺失，而在生意中攻击竞争对手只会使自己失去消费者的拥护。而一个聪明的业务员知道，不失时机地夸赞竞争对手反而可以获得意想不到的结果。

2. 向对手偷师学艺

在销售市场经常有这样一个现象，当业务员们提到某某竞争对手时，总是会露出鄙夷的神色，甚至喋喋不休地对竞争对手进行轮番攻击，似乎竞争对手的存在让他们丢了自己的饭碗似的。实际上，一个好的竞争对手的存在，不仅不会对造成销售业的破产，反而会让业务员获得免费的学习机会，不断提高自身的竞争力。

大学毕业后，周琦从父母手中借了十万块钱，经营了一家服装店。可是做了一年多了，生意一直很冷清，很多的客户不知道怎么招呼。最后他不得已找来了自己的表哥赵宇，一位入职八年的销售精英。

赵宇一见面就问周琦："附近有没有竞争对手？"

周琦一脸茫然地回答道："不知道！"

赵宇接着又问他："知不知道别的地方有没有同行？"

"有。"周琦边说边点了点头。

于是赵宇又问他表弟道："你知道的别的同行的生意怎么样？别人的生意是怎么做的？"

"不知道！"周琦一脸茫然。

听到这里，赵宇摇了摇头，郁闷地说道："表弟呀，你这服装店也开了一年了，对行业不了解、对运营方法不清楚、连竞争对手在哪儿和怎么做的都不知道，这怎么能行呢？"

周琦着急地问他表哥有没有急救办法，赵宇笑着说道："找到做的最好的竞争对手、向竞争对手学习！"

于是赵宇就说起了自己做电脑销售的故事。

当时公司刚招聘了几名新的业务员，都是刚毕业的大学生。老板让老员工赵宇给他们做培训。刚开始，这些新人总是有问不完的问题。

赵宇一句话没说，让他们到市场上去买电脑，这些新人很诧异，说自己没钱。于是他就跟他们说，要想成为一个好的业务员，前提是了解竞争对手，在与竞争对手的交流之中，才能学到各种各样的知识和技能，进而对自身的产品有更进一步的认识。

最后他要求每个新业务员每天至少要转15家以上的公司，收集不同品牌的报价单，装成不同类型的消费者，跟各路业务员交谈，并把交谈的内容整理出来，还要写心得体会。

一周之后，赵宇把这些新手叫到跟前。这时他们一个个的脸上看不到胆怯了，全都自信满满的。

有的说："原来做销售入门没那么难嘛！"，有的说："我昨天遇到的那一个销售太棒了，让人有种如沐春风的感觉，如果我要真是买电脑的估计我都不会跟他还价。唉，不知道那小伙有女朋友了没有！"也有的说："我昨天碰见个超级大忽悠，估计他那水平跟赵大爷有一拼，说的让我以为他是世界上最正直诚恳的业务员，可我回去一想他很多话说的都很离谱，可是我当时居然还真信以为真了！"

"竞争对手才是最好的老师啊！"听了表哥的话，周琦意味深长地说道。

竞争对手是最好的老师。对于业务员而言，没有竞争对手，显示不出你的能力和价值。对手总会给你造成压力，逼你想办法成为胜利者。在同对手的竞争中，你才能真正磨炼自己、提升自己、完善自己。就此而言，你的对手就是推动你成功的催化剂。

个人是这样，销售企业更是如此。

1980年，两面针的总部柳州公司成立，1982年两面针草药药液用于牙膏膏体获得成功。目前，两面针已发展成为全球最大的中药牙膏生产企业，荣获"中国驰名商标"称号，是民族品牌的第一家上市公司。

"这支主要为宾馆、酒店供应的小小的旅游牙膏，我们2007年销售了7.5亿支。"拿着像小手指般大小的一支旅游牙膏，两面针（扬州）酒店用品有限公司总经理兰进脸上充满自豪的表情。为了增强牙膏的竞争力，两面针集团多年来一直向竞争对手学习，组织科研团队向跨国品牌学习，增强了广告意识、市场意识、质量意识、科研意识，成立了牙膏行业第一家博士后科研工作流动站，依靠自主创新提升产品品质，使得产品信誉好、知名度高，销售网络遍布国内外。

两面针的故事告诉我们，向自己的竞争对手学习，你就找到了最好的老师。一名成功的销售把每一位经过他身边的人都当作是自己的"竞争者"，并且发自内心地把他当成学习的对象，而不是成功的绊脚石。他们懂得从竞争对手身上汲取有价值的东西，譬如优秀的管理经验、推销口才、产品优势等，看清自身的不足之处，进而结合自身的情况不断地进行自我改进，从而使自己的各方面能力得到有效提升。

3. 有竞争才有提高

管理大师迈克尔·波特曾说："合适的竞争对手能够加强而不是削弱企业的竞争实力。"

有一家森林公园曾养殖几百只梅花鹿，尽管环境幽静，水草丰美，又没有天敌，几年以后，鹿群非但没有发展，反而病的病，死的死，竟然出现了负增长。后来他们买回几匹狼放置在公园里，在狼的追赶捕食下，鹿群只得紧张地奔跑以逃命。这样一来，除了那些老弱病残者被狼捕食外，其他鹿的体质日益增强，数量也迅速地增长着。

有句古话说得好，"流水不腐，户枢不蠹"。其实，不仅动物如此，人也天生有种惰性，没有竞争就会故步自封，躺在功劳簿上睡大觉。这个故事中的竞争对手就是追赶梅花鹿的狼，它的出现给了懒散的梅花鹿一个清醒的认识：跑在前面的梅花鹿可以得到更好的食物，跑在最后的梅花鹿会成为狼的食物。于是为了不成为别人的晚餐，梅花鹿不得不拼命地奔跑，在奔跑的过程中它们的身体的各项机能得到了有效地提高，于是生病甚至死亡的概率大大减少。

对于销售行业而言，一个好的竞争对手的出现，其实也是一匹狼的出现，虽然他可能形成对企业的挑战，但是正是这种死命地追赶，才能让企业和业务员感到自身的不足和缺陷，进而防止企业和业务员产生自满情绪，从而激发他们无限的动力。

一位总经理上任不久，他管辖下的一家钢铁厂产能落后，他问该厂厂长："这是怎么一回事？为什么你们的产能老是落后呢？"

厂长回答："说来惭愧，我好话与丑话都说尽了，甚至拿免职来恐吓他们，没想到工人软硬都不吃，依然懒懒散散。"

那时正是日班快下班，即将要由夜班接班之时。总经理向厂长要了一支粉笔，问日班的领班说："你们今日炼了几吨钢呢？"领班回答："8吨"。总经理用粉笔在地上写了一个很大的"8"字后，默不作声地离去。

夜班工人接班后，看到地上的"8"字，好奇地问是什么意思。日班工人说："总经理今天来过了，问我们今天炼了几吨钢，领班告诉他8吨，他便在地上写了一个'8'字。"

次日早上，总经理又来工厂，他看到昨天地上的"8"已经被夜班工人改写为"9"了。日班工人看到地上的"9"字，知道输给夜班工人，内心很不是滋味，他们决心给夜班工人一点颜色看看，大伙儿加倍努力，结果那一天炼出了10吨的钢。

在日夜班工人不断竞赛之下，这座工厂的情况逐渐改善。不久之后，其产量更跃居公司所有钢铁厂之冠。

当我们提到企业的生存法则时，不得不提到著名的"鲶鱼效应"，虽然它和狼、鹿赛跑的故事很相似，但是为了给我们亲爱的业务员们提供更多有益的知识，所以，这里还是很有必要讲一下的。

据说，挪威人捕沙丁鱼，总是将鱼槽运回码头。到码头的时候，如果鱼还活着，卖价要比死鱼高出许多，因此渔民们千方百计地让鱼活着返回码头，但除了一艘渔船带着活鱼返港外，其他渔船的种种努力均告失败。

其实，能带活鱼返回码头的这艘船的船长只不过在他的鱼槽里放进了一条鲶鱼。原来，鲶鱼被放进鱼槽后，由于环境陌生，自然会四处游动，到处跳跃，而大量的沙丁鱼发现了一个"异己分子"，自然也会紧张起来，加速游动，这样一来，沙丁鱼活蹦乱跳地回到了码头。

在销售行业，也少不了这样的一条鲶鱼，因为竞争的加剧能促进技术的进步。

如今的江中牌健胃消食片，已经成功地走进了千家万户，年销售额也一举突破了10亿元大关。但是很少有人知道，江中牌健胃消食片的神速发展却是缘于一场竞争危机。

2003年，江中牌健胃消食片还只是一个横跨成人和儿童市场的助消化药品，尚未在市场中站稳脚跟。当时竞争对手斥资在电视上投放了一则小儿消食片的新广告，这无疑是对江中牌健胃消食片的一次重大打击。但是面对突如其来的竞争压力，江中集团沉着应对，召开企业高层会议，迅速对自己的产品进行重新分析并对竞争对手的出击进行有效应对。

针对性的强势广告投放：在竞争对手的"大本营"加强江中牌健胃消食片的广告投放，并通过大规模、长时间的产品买一赠一活动，吸引消费者的注意力，综合打压竞品销量，断其现金流，阻止其向全国扩张。

对自己的产品进行内部细分："与其被竞争对手细分，不如自行细分"，企业做了大量有关细分的策划方案及筹备工作，如产品、包装、口味、规格、价格，甚至终端陈列等系列化营销策略。比如，在包装方面，他们采用了体现儿童药品的鲜艳色彩及活泼的风格；在口味方面，别出心裁地调制成酸甜口味，迎合儿童的口味需求。

通过一系列的活动，江中牌健胃消食片不仅有力地应对了来自竞争对手的压力，相反还对竞争对手造成了强有力的打压。很快，公司旗下的一系列消食产品形成了一飞冲天的发展势头，公司更是连续数年成为国内 OTC 单品销售冠军。

在激烈的销售市场，竞争能让人更清楚地看清自己。面对竞争对手的压力，学会向竞争对手学习，取其精华，弃其糟粕，才能让自己在竞争中把握主动，取得领先的位置。

4. 主动引导客户去"货比三家"，让他更信赖你

"当客户走进你的视线时，你该如何挽留住他呢？"面对这个问题，有的业务员会说："这还不简单，告诉客户自己的产品有多好，别的厂家的产品有多水，对比一下，他还会走吗？"可是客户也不是傻子，他轻易能被你忽悠吗？如果他发现你在说谎呢？

其实，最好的办法是，主动引导客户去"货比三家"，从而让他更信赖你。想一想，每一个客户内心都存在一种逆反心理，当你越说自己

的产品好时，他越不相信，反而会认为你是在糊弄他。但是如果你主动让他去货比三家，他会认为你是一个为他的利益用心着想的人，从而加深对你的信任感。就算这次他不会购买你的产品，但是下次他也有可能再次光顾你。

钟小惠是一家家具公司的业务员。有一位客户经常来她这里看家具，已经多次了，只看不买。有些同事看不下去了，使劲儿给她挤眼色，示意她不要再理睬这位客户。但是钟小惠没有放弃，每次只要这位客户一来，她都会热情地和这位客户打招呼，并且不厌其地回答他所提出的种种问题。

在介绍产品的过程中，她也没有着急让他赶快定下来，而是让他货比三家，并且在介绍产品时她就只介绍自己的产品优势，从不贬低其他品牌的产品。后来这位顾客被她感动了，"你这个人心眼真好，从不贬低别人的产品，凭这一点就值得信任。"客户说。后来，这位客户在她这里采购了五万多元的产品，并且还不断地介绍自己的朋友来她这里购买家具。

对于业务员来说，成交不是一锤子买卖，客户在采购产品之前往往喜欢进行多次比较，这其实是客户的一种正常心理，毕竟他们不想让自己吃亏嘛。作为业务员要学会抓住客户的这一心理，因势利导，让客户感受到你的真诚。

客户："有小米2S型号的手机电池吗？"

业务员："我们是小米的专卖店，不仅有2S的型号，所有的型号都有。"

客户："这个电池的待机时间多长呢？"

对于这个问题。业务员 A 和 B 有不同的回答。

A 业务员："待机时间是4天。"

客户："好的，那我再看看别的店。"客户出去之后再也没有回来。

再看看业务员 B 是怎么回答的。

B 业务员："您关注的待机时间的确是判断电池好坏的重要指标，不过，买到好的手机电池不仅要看其待机时间，还要看其充电时间。我们这个电池的待机时间是72小时，充电时间是15分钟，手机电池有许多，不容易选择，您多看看，多比较一下，然后，决定了再回来。"

客户："好的，谢谢您！"说完走了出去，过了一会儿，这位客户又走了进来。

在物资极为丰富的今天，大部分消费者在买一件商品时都会非常理性，一般都会货比三家，然后在心里有一个归纳之后再做决策。作为业务员，如何能尽可能地留住客户，让他货比三家之后再回来，或是当时就购买你的产品呢？

首先，不要夸大产品的功能。任何一个产品，都存在着好的一面以及不足的一面，作为业务员理应站在客观的角度，清晰地与客户分析产品的优与劣，在一定程度上提前将自己产品的缺点进行提前的预防性说明。帮助客户"货比三家"，唯有知己知彼、熟知市场状况，才能让客户心服口服地接受你的产品。如果你因为要达到一时的销售业绩，而夸大产品的功能和价值，势必会埋下一颗"定时炸弹"，一旦纠纷产生，后果将不堪设想。

给客户选择的空间。在激烈的销售竞争中，考虑到竞争对手的业务员往往会逼迫客户尽量当场决定下单，这时就要充分给客户自由选择的权利，适当后退一步，但一定要为客户回头埋下伏笔，首先用稍带压力的方式引导客户说出自己拒绝的真正原因，然后处理其拒绝点后立即引导客户成交，最后如果客户确实想出去比较一下，主动请客户多看看，货比三家不吃亏，营造出宽松的交易环境，让客户感受到自己作为上帝的自由选择权利。

保持客观中立的态度。在涉及到产品方面的专业介绍，业务员一定要突出客观性和中立角度，以我们的客观中正来衬托竞争对手营业人员缺乏客观理性的随意挥发。

不要攻击竞争对手。有些业务员为了突出自己产品的优势，往往会攻击竞争对手，殊不知反而会造成准客户的反感。因为不见得每一个人都与你站在同一个角度，你表现得太过于主观，反而会适得其反。

对自己的产品及其价格要有信心，切不可为了拉住客户乱了分寸。要有等待客户选择卖家的耐心，只有客户心定了你才能真正收到实效，不然会给你带来许多价格上的麻烦。

总之，业务员要学会深入研究客户的潜意识思维并驾驭他们，大胆地让客户货比三家，进而赢得他的信任，相信你的销售业绩一定会自然飙升。

5. 抢单，跑在对手前面先发制人

兵法有云："先发制人，后发制于人。"如果，业务员想要在激烈的竞争中获得成功，就必须学会跑在竞争对手的前面先发制人。

营销心理学的理论研究认为，先入为主，第一印象最重要。业务员一旦发现客户有需求，一定要第一个站在客户面前，第一个向客户推介自己的产品，只有赶在竞争对手前面接触客户，你获得签单的机会就更大、优势也会更多。

与竞争对手抢单，首先要争取主动，先发制人。抢先与客户建立联系，赢得好感，建立信任，才有可能争取到订单。

张昭是一家挖掘机公司的业务员，有一次走访客户时，他发现一位客户有购买挖掘机的意向，于是立即上门拜访。这位客户承包了一项工程，想购买几台挖掘机，但他自己对挖掘机不太了解。

于是，张昭马上向分公司彭经理汇报情况。第二天，彭经理和张昭一起拜访了这位客户，并带客户到分公司现场看样机，这位客户基本满意，但是他又说自己还在筹钱，需要再看看。后来这位客户又独自走访了几家代理商，看了好几种不同品牌的挖掘机。

在接下来的几周里，张昭紧密跟踪这位客户，每两天电话联系一次。有一天，张昭再次上门拜访这位客户时，这位客户提出张昭公司推出的挖掘机价位太高。张昭没有直接反驳，而是细心地解释公司品牌的技术特点，证明公司的挖掘机物有所值。

回分公司汇报之后，张昭前后两次请这位客户吃饭，与客户关系处得很好。

一天晚上，客户打电话过来约定明天上午到公司，张昭和销售经理很高兴，认为客户马上要购买了。第二天一早，张昭给他打电话，说明天要亲自到他家去接应，客户推辞，说自己有车，当天上午肯定到分公司。谁知中午客户到公司时，竟然向销售经理和张昭说明：自己已经购买了其他公司的挖掘机，而且已经签订合同交了首付款，感谢他们对自己的介绍和招待，以后再购买时一定购买他们的品牌。原来，一大早就有另外一家公司找上了这位客户，抢先下单了。

在这个案例中，张昭在最为关键的时机，没有重视竞争对手，结果被对方成功抢单。

一位优秀的业务员知道，只有抓住一切时机，才能出奇制胜，让竞争对手溃不成军。

李曼是Ａ食品公司的经销商。这天，她到这个食品公司要求做产品广告，以提高该产品的销售效率，这个公司的秘书冯小姐一见李曼进来，忙放下笔将手中的资料放进抽屉，进了经理办公室。李曼等了约五分钟不见冯小姐出来，就站起来四处走走，蓦然间发现冯小姐没合严的抽屉里放着一份产品促销策划书。冯小姐终于出来了，她告知李曼公司暂时没有做广告的打算。正好李曼也是Ｂ食品公司的经销商，她与Ｂ公司的业务员王惠的关系不错，第二天，她去拜访了王惠，两人一番寒暄过后，李曼问王惠："Ａ公司最近有没有什么动静？"王惠摇了摇头。"没动静就表示有大动作。昨天我到Ａ公司去办事，无意中发现他们正在做产品促销策划……"李曼说道。王惠忙将此事告诉了经理，经理马上召开紧急会议，连夜赶了份促销策划书，促销活动比Ａ公司提前一步进行。当天有许多Ａ公司的客户参与并签订了购货订单。

业务员都清楚，客户的多少将直接影响产品的销量，换言之，客户就是业务员的生命。在日益激烈的竞争环境中，怎样和竞争对手争夺客户呢?

（1）"工欲善其事，必先利其器"

作为业务员要了解自己的产品，相信自己推销的产品的价值。有可能的话，业务员在推销以前，应当亲自试用一下产品，学会怎样欣赏产品，将产品的优点与同类竞争的产品加以比较，认识到自己产品的优点，对新产品价值有一个全面的了解。

（2）业务员要了解自己的公司

如果对公司的制度、人员配备等没有足够的了解，业务员能正常地进行业务活动吗？再者，公司的产品是业务员的招牌，而公司的形象和信誉更是招牌中的招牌，名气大的公司或产品质量好的公司会增加客户对业务员的信任感，增加业务员的信心，也有利于客户的争夺。

（3）促销、宣传，抢占先机

舒蕾在进攻竞争对手宝洁时，在各大商场设立了上百个舒蕾专柜，不惜一切代价，让舒蕾的货架码头、堆码、宣传灯箱和海报尽量占据各卖场的显眼位置。同时采用各种规范的促销方式和配合紧密的背景造势宣传，以最快的时间取得先发制人的优势，牵住对手的牛鼻子，迫使对手陷入传播与促销的被动局面。

刚开始，客户对公司的"感情"还没有形成牢固的关系，所以很容易见异思迁，甚至找出各种理由离开公司，这时候，业务员就要站在客户的立场上去分析，客户为什么对公司缺乏忠诚？对老客户、大客户有没有什么优惠措施？

当然，先发制人很关键，但是如果业务员想要真正打败竞争对手，就要做到立足根本，从本质上下功夫，在核心竞争能力上下功夫，与竞争对手比拼，才能真正赢得客户和市场。

6. 了解对手，然后战胜他

兵法有云，"知己知彼，方能百战百胜"，在战场上只有对竞争对手的情况了然于心，才有可能百战不殆。同样，在商场上，一个优秀的业务员也应该学会去了解、分析自己的竞争对手，只有这样才能提出相应的应对策略与对手进行周旋、竞争，从而使自己在竞争中处于有利的地位。

A公司是一家专门生产羽绒服的服装公司，几年来在本省及周边几个省份的销售情况一直很好。可是，今年刚入冬，广州一家服装公司B公司推出了一款新冬装，在该省卖得很好。而A公司生产的羽绒服销量大减。为了扭转颓势，A公司总经理派出业务员王涛和赵云前去打探市场，并提出应对策略。

王涛去省内几家大型商场考察了一番，发现B公司产品并没有什么特别惊人之处，而且公司规模很小，于是他赶紧给总经理打电话，提议让公司原本年后推出的几款冬装提前上市，挤垮B公司的产品。总经理急得像热锅上的蚂蚁，一时没辙，就同意了王涛的想法，让员工开足马力，加大生产。

接下来，我们看到的场景是，A公司不分昼夜地生产，一大批又一大批的冬装陆续上市，可是推出的几款冬装销路一直低迷，更让销售经理头疼的是，公司的底货越压越多，资金周转开始变得困难。

而另一个业务员赵云接到总经理任务后，花了一周的时间跑遍了省内各大商场和周边各区县搜集销售数据，了解广大消费者购买B公司冬装的理由。不久，他又化装成消费者坐火车来到B公司，偷偷打听其新款冬装的制作工艺、面料、销售策略等内部信息。两周之后，他回到公司，将自己收集整理好的资料交给了总经理并提出了解决办法。此时的总经理正为资金周转问题忙的焦头烂额，赵云的想法犹如黑暗中的明灯照亮了他的思路，于是针对B公司产品的情况，总经理派出精干的设计团队，重新设计了几款冬装，并迅速投入市场。

事实证明赵云的想法是正确的，产品进入市场之后，销量一天比一天高，连外省的几家大型服装代理商都争着抢货。很快，在不到一个月的时间里A公司顺利扭亏为盈。

能否真正去了解竞争对手的产品情况，让王涛和赵云两位业务员制定的销售策略明显不同，产生的效果也天壤之别：一个亏损连连，差点倒闭；一个化险为夷，挽救了公司。由此可见，在硝烟弥漫的商场中，只有全面、准确地了解竞争对手的情况才能做出有效的应对策略，才能在激烈的市场竞争中扭转乾坤。

比尔·盖茨曾说："一个好员工应密切注意公司的竞争对手的发展，对竞争对手的产品的好坏和经营的有无效率都能努力了解。"一个优秀的业务员要有忧患意识，因为你的周围全都是虎视眈眈的对手，只有去了解他们，你才能让自己屹立不倒。

如果想要了解竞争对手，必须先从了解对手的产品开始。在如今的市场上，产品种类繁多，客户喜欢对不同厂家的产品进行比较。此时，如果业务员对市场上经常出现的竞争对手产品不了解的话，就无法向客户提供满意的答复。

所以业务员必须对竞争对手产品有充分的了解，因为只有这样，你才能回答客户提出的各种问题，特别是指出对手产品无法与你的产品相比拟的因素，这样你才能获得成交的希望。

接下来业务高手将会告诉你怎样对竞争对手进行深入的、细致的、全方位的了解。

（1）了解竞争对手产品的现状与发展方向

作为一个优秀的业务员，这些问题是必须要了解的，比如：竞争对手现在正在做什么？他下一步还想干些什么？他有哪些产品是行将问世的？有哪些产品是正在研制的？有哪些产品是其意向中考虑的？

（2）了解竞争对手的产品特征及其长处和不足

了解对手产品的特征，尤其是与自己产品的不同之处；了解其产品还有哪些遗漏、忽略，有哪些长处，有哪些不足。

（3）了解竞争对手的产品市场销量和知名度

了解竞争对手产品的市场销售量如何。知道其销量是呈上升趋势、下降趋势，还是多年持平以及市场占有率及其成长率情况。同时还需了解竞争对手企业及其产品的知名度如何，美誉度如何，在消费者及客户心目中的形象又是如何，是逐日上升还是每况愈下。

（4）了解竞争对手的产品销售形式及营销宣传策略

了解竞争对手的销售形式、途径；了解竞争对手的市场营销策略是什么，战略指导思想是什么，这些策略与战略指导思想中有哪些优点、哪些缺点；了解竞争对手的广告宣传费用大约是多少以及销售额大概呈一个什么样的比例关系，他们的广告主要是通过什么媒介传播的。

（5）从整体上了解竞争对手的水平

了解其生产水平、科技水平、市场销售水平大致处于哪个等级，与自己相比有多大差距：企业的技术力量如何，是否有一批高科技人才作为技术支撑。

总之，知己知彼才能百战不殆。如果你想成为一名优秀的业务员，就必须全方位了解竞争对手的情况，只有这样你才有可能在这个商战的时代把握主动权，成功应对来自竞争对手的各种挑战。

7. 与对手过招，赢得客户信任是关键

业务员们很怕遇到这样一类客户：不管你的产品有多好，价格有多公道，他就是不愿意和你沟通，甚至拿你竞争对手的产品来打压你。比如，当你介绍完产品后，他告诉你某某产品的知名度比你们公司还大，产品质量比你的还好，但价格比你低很多，等等。其实这类客户之所以会这样，是因为你没有取得他的信任。与竞争对手过招，赢得客户的信任是关键。

何小军在一家钢材公司做业务员。在走访客户时，他听说某工程公司的周队长要购买钢材，于是立即登门拜访，并主动向周队长推荐自己公司的 A 品牌钢材，周队长对它的产品基本满意，但表示还要再看看其他品牌的钢材产品。

此时 B 品牌的钢材业务员小赵也在紧密跟踪周队长。聪明的何小军发现了这一情况，于是在建立起与周队长的信任关系的同时，他也积极与周队长的家人搞好关系，特别是周队长五岁的女儿，与何小军关系很亲密。

何小军在多次拜访中向周队长说明竞争对手的产品弱点，但是周队长没有明确表态。但半个月后周队长才明确表示：要全款购买，要求优

惠。何小军把情况汇报给总经理，公司确定给予周队长最低价的承诺。同时，B品牌业务员小赵也向周队长给予最低价的承诺。此时的周队长，已经筹集够资金，马上就要购买了，但还没有敲定是购买B品牌还是A品牌。

敏锐的何小军知道，如果再不出手，竞争对手很可能抢走自己辛苦了一个多月的成果。面对竞争对手B品牌的强大威胁，何小军下决心以自己的诚心争取客户。于是，一天晚上，他带着给周队长的女儿买的1000元的玩具，来到周队长家拜访。周队长在家里请何小军吃饭，两人谈得很愉快。

第二天早上，何小军赶到周队长家，B品牌业务员小赵随后也到了，在周队长的私人办公室里，何小军充满自信地介绍A品牌的优势，B品牌业务员小赵也在向周队长介绍自己产品的特点，周队长只是笑笑，并不说话。最后周队长拿出了一张合同递给了何小军，并笑着说道："A品牌和B品牌到底哪家好，我不清楚，但我相信何小军这个人，我女儿一直叫何小军叔叔，即使你们的钢材有问题，我相信何小军也能够很快处理好的。"B品牌的业务员小赵听闻此言，只得悻悻而归。

在和竞争对手"抢单"的过程中，争取客户信任最重要。商场如战场，不管前期准备多么得充分，只要后期比竞争对手晚走一步都有可能失掉订单。

在销售行业中，经常会听到这样一句话："三流的业务员销售产品，二流的业务员销售企业，一流的业务员销售自己。"即销售的最高境界在于"销售自己，取得客户的信任"。我们经常能看到这样的情况，两位业务员C和D去争夺同一位供应商，虽然两者的产品相似、价格相仿，但是供应商却选择了 C 而没有选择 D，原因很简单，业务员 C 的工作态度获得了客户的信任，所以才能获得很好的销售业绩。

赢得客户信任是销售的最高境界，也是一种技能，要想获得客户的肯定，业务员必须要做到以下几点：

（1）让客户感受到你的真诚

很多业务员在销售产品时表现得过于精明，忽视了客户服务，从而导致销售失败。其实在购买产品的过程中，客户不仅关心产品，更关心业务员的人品。因此，业务员要想取得客户的信任，就必须让客户感受到你发自内心的真诚。

（2）用你的专业知识赢得客户的信赖

在销售行业流行"专家销售"，意思就是业务员不但是业务员，还必须是所销售产品方面的专家。专家形象的业务员之所以会受到客户的欢迎，主要在于他们不仅能利用专业知识为客户提供专业的服务，而且能够为客户提供更多的增值服务。

（3）借助老客户的力量

在和客户交谈的过程中，不妨提一下那些客户熟悉你也熟悉的老客户，中间人的共同思想很快能加深你们彼此的了解。

徐芳芳是某红酒企业的金牌业务员，她十分注重借助老客户的力量来拉拢新客户。有一次，她的老客户黄总向她推荐了自己的同行——经销商李总。这天徐芳芳去拜访了李总，他们的谈话内容如下：

徐芳芳："非常感谢李总在百忙中抽出时间与我会面。"

李总："不用客气，我也很高兴见到你。"

徐芳芳："李总，我听市中心最大的红酒经销商黄总说，跟你做生意最痛快不过了。他夸赞您是一位热心爽快的人"。

李总："你和黄总很熟吗？"

徐芳芳："是的，我们和黄总合作一年了，这一年来，我们合作非常愉快。在我们接触的过程中，黄总常常在不经意间流露出对你的赞扬……"。

李总："黄总在这个行业经营多年，他才是我学习的榜样。谈谈你和黄总是怎么合作的？"

就这样，徐芳芳突破了李总的心理防线，并令李总产生好感，让李总能够聆听她讲解，为接下来赢得客户信任打下良好的基础。

（3）迎合客户的兴趣

要想赢得客户的心，首先必须迎合客户的兴趣，投其所好，对客户最关心的话题和事物表示真挚的热心。因此，在拜访客户时，业务员应当搜集客户的兴趣与爱好，善于发现客户的兴趣与爱好，这样能更好地开展各项工作。

（4）给予客户最周到的服务

一个管家式的业务员最得客户的欢心。其实每一个客户都希望业务员能把他的需求放在第一位，发生任何问题都能够马上得到解决。不管在什么时间、什么地点，如果业务员都能够随叫随到，及时解决客户的问题，那么就能获得客户的信任感。

信任是一种力量。聪明的业务员知道在没有取得客户的信任前不能过早地销售自己的产品。因为你说得越多，客户的防备心理越重，信任感就不容易建立，最终销售也就不容易成功。相反，当你努力赢得客户的信任之后，所有的坚冰都将融化。

第十章

业务之神的自我修炼：
业务员必须学会和压力相处

1. 压力既是坏事，也是好事

　　身处销售行业，我们难免会遇到压力。很多时候，压力让我们倍感焦虑，甚至崩溃。但是，压力是把双刃剑，只要我们善于去调整，压力就会幻化为我们前进的动力，给我们的生活带来许多意想不到的成果。

　　在众多行业中，有这样一群人，他们二十四小时随传随到，专业、竭诚地为您提供最好的服务。你知道这是在描述什么工作吗？便利店？快递？还是五星级酒店的服务人员？不，它描述的正是业务员。高额的任务、刁钻的顾客、专横的上司、精明的同事……业务员往往面临着比其他行业人员更大的压力，一旦不能很好地处理这些压力，业务员将陷入恶性循环的怪圈。

　　张猛，进入销售行业三年了，仍然业绩平平。看着身边的同事一个个升职加薪，他压力山大，年纪轻轻的竟然长出了不少白头发。

　　每天晚上回到家时，张猛躺在床上睡不着觉时就左思右想："为什么我做了三年了，仍然很难感染自己的客户？为什么我很难让客户尽快购买？为什么我跟其他同事的差距这么大……"就这样，他的睡眠质量越来越差，白天上班也越来越没精神。

有一天早上，销售经理把张猛叫进了办公室，对他严肃地说道："张猛，你最近是怎么了？天天带着一双熊猫眼。今天已经有好几个客户跟我投诉说，有业务员给他们谈产品时老是打呵欠，没精打采的，弄得他们都不想跟我们合作了。"张猛知道，这话是对的，一时间他的脸涨得通红通红的。

接下来的一周，他战战兢兢的，时刻想着经理的话，不得一刻放松的机会，晚上回家，连饭也顾不上吃，就继续埋头做起业务来。可是，紧绷的神经并没让他的业绩有所提升，相反，一周内他的业绩再次垫底。不久之后，迫于公司的压力，他不得不离开了销售行业。

这个案例中，张猛由于不能很好地缓解自己的压力，结果使自己陷入了恶性循环的怪圈之中。

虽然我们常说，压力就是动力，但是就像一根橡皮筋一样，绷得太紧也是会断的，只有把它拉到合适的位置，它才能发挥出自己最大的功效。压力过大不仅不会让我们前进，反而会让我们倒退。只有适当的压力，才会激发我们学习的动力，进而不断地完善自己。

那么业务员应该怎样缓解自己工作中的压力呢？

（1）面对现实

压力是如何产生的？压力的产生在于期望和现实之间的差距。期望与现实的差距越大，业务员所感知到的压力也就越大。这个期望可能来自于个人，也可能来自于外界——公司、客户、同事。

业务员之所以感到在工作、生活中受到挫折，往往是因为自我目标难以实现，就感到自卑失望，过高的期望只会使人误以为自己总是倒霉而终日忧郁。所以，应该调整自己的生活目标，客观地评价事情、评价自己，得意黯然，失意泰然，在积极向上努力进取的同时，拥有一颗坦然面对成功与失败的平常心，才能使自己心情舒畅。

（2）积极宣泄

宣泄可以将内心的压力排泄出去，以促使身心免受打击和破坏。有人说："一份快乐由两个人分享会变成两份快乐；一份痛苦由两个人分担就只有半份痛苦。"如果业务员把自己的烦恼、痛苦埋藏在心底，只会加剧自己的苦恼，而如果把心中的忧愁、烦恼、痛苦、悲哀等，向你的亲朋好友同事倾诉出来，即使他无法替你解决，但是得到他们的同情或安慰，你的烦恼或痛苦似乎就只有半个了，这时你的心情就会感到舒畅。

（3）转移注意力

作为业务员，难免会与人发生冲突，这个时候马上离开这个环境，去打球或看电视；当悲伤、忧愁情绪发生时，先避开某种对象，不去想或遗忘掉，可以消忧解愁；在余怒未消时，可以通过运动、娱乐、散步等活动，使紧张情绪松弛下来；有意识地转移话题或做点别的事情来分散注意力，可使情绪得到缓解。

（4）用回忆为自己加油鼓劲儿

回想自己曾经的往事，轻松面对压力。回想生活中的很多事情，你会发现今昔的感受是有很大区别的。譬如在学生时代，大家对考试、答题、升学等都有过大大小小的压力感受，特别是高考更让人记忆深刻。但时至今日当年的烦恼早已成为过往云烟并变为美好回忆了。其实业务员每天从事的日常工作，对以往而言可能是件不轻松的事情。相信业务员都曾记得第一次给陌生客户打电话、第一次上门推销、第一次接受客户拒绝时惶恐不安的心情。面对工作压力时，回想曾经的历程能让你知道压力终将会成为过去的事实，这有助于你摆脱疲惫的心态，轻松面对压力，投身工作。

回想同事、经理成功背后的艰辛。当你的同事和销售经理获得不俗业绩时，不要忘记他们也曾经面临和你一样的压力，是他们的努力付出战胜了自我，取得了成功。面对工作压力时，联想一下成功者的历程，能激发你的工作激情，并使你更深地了解困难不是成功绊脚石，而是每个人走向成功都必须经历的。

回想你的竞争对手面对压力时的情景。面对工作压力时，你的对手同样在面临考验，其实你的每一分努力，都会写在竞争积分榜上，只有当你的付出、努力超越对方时，胜利才能眷顾你。

总之，面对现实，接受现实，保持积极的心态，不断地学习，掌握更多的技能才是面对压力的根本。如果你想成为一名优秀的业务员，不妨学会和压力相处吧，让它成为你前进的阶梯，也让它成为横亘在竞争对手前进道路上的坚壁吧。

2. 控制情绪是销售的基本功

有人说，业务员的情绪是其业绩的晴雨表。不错，如果一个业务员的情绪变化无常，不能自我控制，那只会让客户对你的印象大打折扣，进而对你说拜拜。但是如果你能够控制自己的情绪，说不定棘手的销售难题也会出现柳暗花明又一村的美景。

有一天，翟凯来到市中心一家大型超市推销香皂。超市总经理正忙着指挥职员们上货，于是便不耐烦地挥挥手说道："没看见我正忙着吗？再说我这里货很多，以后再说吧！"翟凯仍然不死心，继续鼓动着如簧之舌，打算说服总经理。但总经理显然是被惹火了，破口大骂道："还有完没完？刚才是给你面子，不想让你难堪，可你这个家伙却不知好歹！赶紧带着你的东西立刻滚蛋！"

这时，翟凯一边收拾自己的箱子，一边心平气和地对这位总经理说："十分抱歉，我刚做业务不久，不懂的地方很多，希望您不吝赐教……对啦！要是我想把这种香皂向其他地方推销的话，我该怎么说呢？"总经理的态度有所好转，见其诚恳，便对他演示了一番。只见经理把这香皂的好处说了一大串，翟凯由衷地赞道："没想到您对我们公司的产品这么了解，所说的话也这么有说服力……"翟凯的话让总经理很满足，最后，超市总经理竟订下了大批香皂。

这种自我控制的能力令翟凯最终走向了成功。一年后，他成了公司的销售冠军，三年后，他升任总公司的销售经理。

作为业务员，在工作中不可避免地要遇到一些烦心事，比如受领导批评、遭客户拒绝、甚至挨骂的遭遇，为了很好地处理这些不顺心的事，顺利实现销售目标，就需要业务员具备管理自己的情绪浪潮的能力，时时保持乐观而稳定的情绪，树立自己良好的形象。

那么如何控制自己的情绪呢？

（1）学会容忍

业务员要想获得成功，必须要学会容忍他人。比如，业务员在推销产品时，客户提出一些不合理的要求，甚至有的客户脾气暴躁，不讲道理，或者是竞争对手为了压倒你而采用一些不正当的手段。在这种情况下，你能忍得住逼近心头的这种利刃吗？然而，如若不忍，与客户或同行的关系立即就会呈现紧张状态。也许，为了一项业务的进行，为了一项协议的达成，为了在客户心目中树立良好的形象，你已经花费了很多的精力与时间，如果不忍就会因小失大，前功尽弃。

（2）善于自我控制

有些客户投诉时情绪可能很激动，甚至出言不逊，说一些不太好听的话，致使有些业务员觉得特别委屈，这种情况在销售、服务行业是非常普遍的。因此，一个职业化的业务员要有良好的心理素质，要能够控制自己的情绪。

你要不断地告诉自己，客户骂的不是你，因为你只是一个业务员，客户只不过是对产品有意见，是对公司的服务有意见，而不要把客户的辱骂或者一些不太恰当的语言理解为对你个人的人身攻击。你要完全站在客户的立场上为客户着想，假如你是客户，也许你会更加生气，采取更为过激的行动，这样，你就能够理解客户，从而保持一种很平和的心态。

（3）乐于自我对话

业务员在多次接触客户之后，会出现疲劳、烦躁、沮丧的状况，这时需要调整自己的情绪。解决方案是"自我对话"，比如，在心中默默地对自己说："客户的抱怨不是针对我，而是针对公司的产品或服务。""保持冷静，做深呼吸。""客户不满意，不是对我不满意，我不能受他的影响。""我要用良好的情绪影响他，使他放松，缓和他的紧张心情。"

（4）经常自我检讨

在每一个投诉个案处理结束以后，特别是很激烈的投诉处理以后，业务员需要给自己开一个会，自我检讨一下。比如，问问自己："为了更好地平息客户的抱怨，我本来还可以说些什么？""我说的哪些话，今后应该加以避免？""今天我对待客户的态度是不是很差？"

（5）尝试自我激励

斯普林格说："强烈的自我激励是成功的先决条件。"当陷入销售低潮期时，不妨对自己说："我已经做到最好。""金无足赤，人无完人。""即使我不时地失败，人们仍会喜欢我。""犯错误并不意味着做人的失败。""我越担心，感觉就越差，因此，我会马上停止担心。"

（6）合理安排时间

不合理的时间安排，会让业务员充满压力，进而引起其情绪上的波动。所以每到月末，你一定要留给自己1小时来回顾一下上个月你是如何度过的。问问自己："我给自己安排了时间来娱乐、交际、放松、和家人在一起以及工作了吗？"如果不是，排出先后次序，下个月安排足够的时间给它们。千万别把你的时间表填得太满，经常给自己一些放松的机会。每天留出一段适合个人生活节奏的时间，作为休息的时间。

世界著名畅销书作家奥格·曼狄诺在《世界上最伟大的推销员》一书中写道："今天我要学会控制情绪。我怎样才能控制情绪，使每天卓有成效呢？除非我心平气和，否则迎来的又将是失败的一天。花草树木，随着气候的变化而生长，但是我为顾客带来风雨忧郁、黑暗和悲观，那么他们也会报之以风雨忧郁、黑暗和悲观，而且什么也不会买。相反地，如果我为顾客献上欢乐、喜悦和笑声，我能获得销售上的丰收，赚去成仓的金币……今天我要学会控制自己的情绪。我知道，只有积极主动地控制情绪，才能掌握自己的命运。我控制自己的命运，而我的命运就是成为世界上最伟大的推销员。我成为自己的主人，我由此而变得伟大。"

业务员是什么？就是一个商场上的小演员，既然是演员，就一定要学习一些基本的表演知识，在不同的场合、面对不同的客户时都要有能力对自己的情绪进行随时的调控。如果时时为自己的情绪所困扰，那么就无法在客户（这群挑剔的观众）的眼前完成一场精彩的演出了。

3. 该忍则必须忍

生活中有很多的事需要我们用"忍"去包容、去理解。这样，你人生的道路走得会更从容。销售中，被拒绝是再正常不过的事，如果你被拒绝就放弃，那么你很难成功。但是，如果你鼓起勇气，再来一次，总有一天，客户会为你的不放弃买单！

日本著名销售大师原一平之所以能够成功，与他凡事善于"忍"的好脾气有很大关系。据说，他刚进入保险公司时，就向一家大型汽车公司推销企业保险，可是听说那家公司一直以不参加企业保险为原则，无论哪个业务员，都没能打动公司总务部长的心。

后来原一平连续两个月去拜访这位总务部长，从没间断过，最终总务部长被原一平的这种精神打动了，决定见他一面，但要看一下他的销售方案。可是没想到他只看了一半，就对原一平说："这种方案，绝对不行！"原一平回去后对方案进行了反复的修改。第二天，他又去拜访总务部长。可是，这位部长却冷淡地说："这样的方案，无论你制订多少都没用，因为我们公司有不参加保险的原则。"原一平气往上冲，对方说昨天的方案不行，自己熬夜重新制订方案，可现在又说拿多少来都没用，这不是在戏弄人吗？但是，他转念一想，我的目的是推销保险，对方有所需，自己的保险对其有百利而无一害，这单生意完全有可能成交。于是，原一平冷静下来，说了声"再见"就告辞了。从此以后，他仍坚持游说这位部长，一天又一天，一次又一次……终于，原一平凭着自己的忍耐力，促使对方签订了企业保险合同。

对于刚进入销售行业的新人而言，向客户推销产品是一件苦差事，因为你经常会遇到这种情况：比如，方才还与上一位客户热情地交谈，此刻却吃了下一位客户的"闭门羹"。其实，不论是谁，当访问遭到拒绝时，心里一定很窝火，为了发泄心中的不快，有时难免发几句牢骚，甚至气愤地大骂，或是摔打东西。但是这样的后果，往往是导致自己心情更糟糕，说得严重一点，小不忍则乱大谋，这样的脾气将会让你的销售事业提前终结。

有很多业务员自认为销售能力强，于是遇事喜欢盲目自大，这类人往往缺少应有的礼貌，没有谦逊的品质，只会一味地吹嘘自己，总是觉得自己什么都可以做得比别人好，自己不需要任何人的帮忙，凡事不善于忍让。结果时间一久，必然招致客户和同事的非议。因此，不管是初涉销售行业的新人还是能力强的老手，在与客户交往时，都务必要学会控制自己的情绪，学会忍耐。

但是这决不意味着放弃和退缩。要做到既忍让又不失原则，就必须做到反应灵敏，事先多制订几个方案，做到有备无患。

那么，作为一名业务员，当我们遭遇挫折的时候，我们究竟怎么做才能控制自己的情绪呢？

（1）承认自己情绪化

比如，害怕明天去拜访客户，我们可以告诉自己："我害怕拜访客户，但是我会努力做好的。"当我们自我鼓励时，就表明我们承认自己有情绪，同时自己要努力调整好情绪，这时我们会发现，情绪消失得无影无踪了。

（2）设法平息内心的波动

对于业务员而言，刚开始拜访客户难免情绪激动，通过转移注意力可达到这一目的。比如，可以翻阅杂志或相册，从而使头脑保持镇静；也可以把注意力集中在一个比较中意或崇拜的人身上；或者花几分钟时间回忆一下开心的往事；还可以在脑海中构思美好的明天。此外，也可借助音乐来调节情绪。

需要特别强调的是，推销工作包括重要日常事务和各种突发事件，业务员要想干好这一切，必须学会忍耐。培养这种能力是很重要的，业务员既要在心理素质上具备这种能力，又要在工作当中具备这种能力。这是成为一名优秀业务员必须具备的基本能力。

因此，销售新人在客户面前应努力驾驭自己的情感，控制自己的脾气，克服自己习以为常的行为习惯，征服自己的动机与意念。优秀的业务员之所以优秀，就是因为他们都能驾驭自己的情感。如果说生活的前沿阵地上，我们面对的是失败、挫折等形形色色客观的敌人，那么在后方，我们面对的却是主观上的敌人——脾气。你也许从小到大都认为，自己的情感是无法选择和控制的。因为作为销售新人，被拒绝、被指责、被误会在所难免，总有好多事情让你不由自主地气愤、忧愁、愤怒，这是由业务员这个职业的特点决定的。如果你想在销售上取得成功，那就必须做到"忍字当头"，冷静地处理种种事端。

4. 做个"好脾气"的业务员

相信绝大多数人在进入销售行业之前，都受过这样一种误导："伟大的业务员都是有个性的。所以做销售时发点脾气是可以的。"的确，对于业务员而言，坏脾气偶尔会被看成是魄力与决断的代名词，但是如果不加控制地乱发脾气的话，那么即使你的能力再强，也会吓走自己的客户，丢掉自己的饭碗的。

很多销售新人经常抱怨说，自己处于两头受气的尴尬处境。在公司被经理骂没完成任务，于是他们悄悄地抱怨："也不看看是什么货，卖这么高的价，怎么可能完成任务？所谓的任务纯粹是扯淡。还不是为了让我们拿不到提成？"在市场上被客户拒绝或责骂，他们理直气壮地回应道："你不买拉倒，总会有别人买。"可要知道这些不良的情绪不仅不能解决任何问题，反而会增加自己的不满和愤怒。

如果业务员身上有不良的脾气，就会葬送自己的事业和前程，因为顾客不是你的下属，不可能一味地对你忍让顺从或者无条件地服从你，不会主动配合给你戴上几顶永远正确的帽子，更不会包容你的坏脾气。

孙伟是一家出版公司的销售精英。两年来，个性鲜明的他不仅业绩骄人，而且与客户的关系也相当融洽，每个月拿的业绩奖也是最高的，每年的个人先进一定会有他。公司最近要做人事调整，大家都认为这个销售部的经理非他莫属了。

但是公司任命的却是一个二流的业务员当领导，所有人都很诧异，孙伟自己也一时很难明白其中的缘由。自己的业绩和能力都要在此人之上，怎么就不能胜任此职呢？于是他心里充满了不满，开始抱怨领导的不公，并把所有的工作重点都放在和新领导作对上。

面对客户时，孙伟的态度变得异常冷淡，有一次，一位客户来咨询业务，孙伟只顾着低头看自己的电脑，对客户不理不睬。"你这人是怎么了？"客户生气地说。"桌子上有资料你自己看不行啊？如果不打算买，就不要跟我说！"不久，他的销售业绩自然一落千丈，最后愤愤地辞了职。

两个月后，孙伟怀着新的憧憬和希望来到了另一家企业做销售，一切还是从零开始，没有之前的骄人成绩，在新的岗位上，孙伟又开始重新征战了。但是他没有吸取之前的失败教训，还在这种思想支配下开始新的工作，结果是重蹈覆辙。

"好脾气"可以创造出更好的业绩，这是许多从事销售工作人员的经验之谈。所谓"好脾气"，就是指与客户洽谈时能够适当地控制自己的情绪，不急不躁，自始至终以一种平和的语气与客户交谈，即使遭受客户的羞辱也不以激烈的言辞予以还击，反而能报之以微笑。这种"你生气来我微笑"的工作态度往往能够打动客户，从而改变其固有的想法，最终达成交易。

反之，坏脾气的业务员最终只能失去自己的客户，所以应警惕坏脾气的影响。若想消除这种焦虑情绪，销售新人必须调整好自己的心态，做到临危不乱，处变不惊，时刻冷静地面对一切。

徐峥刚做业务员的时候，脾气很不好，遇见难缠的客户时，他也会和对方吹胡子瞪眼，结果实习期满后，他一单生意都没拿到手。于是，有一天早上，领导把他叫进了办公室，一顿批评，徐峥年轻气盛，和领导对吵起来。

这次不愉快的经历让他决定辞职，然后找一份适合自己的工作。在写辞职信之前，徐峥为了发泄心中的怒气，就在纸上写下了对公司中每个领导的意见，然后拿给他的老朋友看。

然而，朋友并没有站在徐峥的立场上和徐峥一同抨击那些领导的一些错误做法和指导思想，而是让徐峥把公司领导的一些优点写下来，以此改变对领导的看法。同时，还让徐峥把那些成功业务员的优点写在本子上，让徐峥以此为目标，奋力拼搏。

在朋友的开导下，徐峥心中的怒火渐渐平息了，并决定继续留在公司里，还发誓努力学习别人的长处来弥补自己的不足，做出点成绩让周围的人看看。果不其然，两个月后，他的手中收到了十多个订单，所有的同事遇到他时，都笑着说："太暴躁的鸟捉不到虫子，瞧，他如今的脾气真好，怪不得连续两周都拿了销售冠军呢！"

业务高手经常说："没有好脾气就干不了销售。"事实的确如此，业务员每天要面对不同的客户，可能会遇到各种情况：被人拒绝、被人指责，甚至被人奚落，如果自尊心过强，没有"没脾气"这样的好脾气，恐怕就很难适应销售工作，更别说打动客户达成交易了。

那么如何让自己成为一个好脾气的、成功的业务员呢？

（1）不去乱发脾气

做销售工作，被拒绝如家常便饭，这时不应乱发脾气，而应时刻保持一颗冷静的心。有些销售新人在愤怒情绪的支配下，往往不顾别人的尊严，以尖酸刻薄的言辞予以还击，使对方的尊严受到伤害。实际上，这样虽然能使心中的怨气得以发泄，但到头来吃亏的还是自己。

为了警醒自己，不妨在公司办公桌上放一张写有"勿怒"二字的座右铭，时刻提醒自己不要随便发怒。一旦遇到惹自己动怒的事情，强迫自己想别的愉快的事情，或转身去做一件令人愉快的事情。万一走不开，又怒火中烧时，不要马上开口，在心中默念数字，以缓和情绪，浇灭怒火。坏脾气是销售工作的天敌，业务员一定要在工作与生活中慢慢磨炼自己，这样才能拥有好的业绩。

（2）不猜疑不妒忌

猜疑和妒忌是生意场中的腐蚀剂，它可使即将成交的生意前功尽弃。作为业务员，一定要与客户保持畅通的交流，否则就会因为猜疑而失去客户。对于业务员而言，如果看到其他同事取得良好的业绩就妒忌、诅咒，甚至诋毁，看到其遭遇挫折就幸灾乐祸，那么他根本不可能得到同事的帮助，在销售工作中也难以打开局面。

（3）不为自己辩解

坏脾气的人通常会为自己解脱："我这人就是脾气急了一点，但是心肠比较好，为人正直，而且是个性情中人。"这样的人通常会把自己在某一环境下的坏脾气变成习惯，不经意之间便奉为信条，这样一来坏脾气就成了不良性格。

其实在生活当中，无论是顶尖的业务员还是销售新人，谁都会有发怒的时候，谁都不会永远不发怒，但是，我们可以控制自己的情绪，让自己成为顾客眼中"好脾气"的业务员。

5. 练就"一笑了之"的豁达心态

作为业务员，在推销过程中，你总会遇到各种烦心事，遭遇各种挫折和失败，就算你是最顶尖的业务高手也不例外。比如，当你正在施加拉力以证明产品所使用的材料具有高强度的时候，却没想到产品爆裂断掉了；当你打开一瓶葡萄酒时，就在五十多人面前，喷出的葡萄酒洒满了你的上半身；当你准备和一位洽谈多时的准客户签单时，对方突然告诉你，他已经和别人合作了。在实际销售中有太多的突发状况是你所不能掌控的，这时候的你该如何应对呢？

很多业务员在谈起推销的秘籍时，都把关注点集中到如何提高销售技巧上，这似乎成为推销的唯一秘诀，但事实上并非如此，资深业务高手认为，推销能否成功实际上取决于业务员的心态。

有一天，金牌销售赵昀正向一群运输业者展示一种高质量的机油。一切都很顺利，观众也都很专心。赵昀拿着两支装有不同质量机油的试管，每一支试管都用橡胶垫封住了开口。当他要把试管倒立过来比较机油滑落的速度时，没想到两支试管的橡胶垫却都脱落了。一时间，机油洒满讲台，赵昀的全身上下也被波及，而他手中高高举着两支空空的试管。

结果如何？赵昀看着他们，他们也看着赵昀。赵昀看到角落处有位观众的嘴角突然抽动了一下，接着赵昀自己开始大笑出来。赵昀站在台上大笑，全屋子的观众也跟着大笑。他们的笑声实在太吵，害得会议中心的值班经理以为发生了什么意外，迅速跑来，从门缝中查看究竟是怎么回事。

赵昀深陷尴尬的处境，一笑了之使自己从窘迫的状况中跳了出来。如果当时他用很严肃的态度来处理这件事，就会把这个展示会搞砸。"猝然临之而不惊，无故加之而不怒。"赵昀的大笑，让在场的观众看出了他的智慧。

美国著名成功学家戴尔·卡耐基说过，笑容能照亮所有看到它的人，像穿过乌云的太阳，带给人们温暖。可以说，微笑是世界上最美的行为语言，虽然无声，但最能打动人。每一个业务员，在推销的过程中都会面对挫折和失败。如果，你想和原一平一样获得成功，就必须练就"一笑了之"的豁达心态。

在原一平当保险业务员的头半年里，他没有为公司拉来一份保单。没有业绩也就没有工资，他没钱付房租，就住在公园那个大多数流浪者都会选择的最佳住所——长条椅子上。没有钱吃饭，他就吃饭店里给流浪者们的"多余"的饭和菜。

在当时的很多人看来，他是一个典型的失败者，但是原一平不这么看。他即使是在公园睡觉，也没有改变开朗乐观的心态。每天清晨从公园的长椅上"起床"，他就向路上遇到的每一个人微笑，而且他的微笑永远是那样的真诚和充满自信。

终于有一天，一个常去公园的大老板对原一平的微笑产生了兴趣，他不明白一个居无定所的人怎么会这么快乐。于是，他提出请原一平吃一顿饭，可被原一平拒绝了。原一平请求这位大老板买他的一份保单，于是，原一平有了自己的第一笔业务。他用微笑给自己带来了巨大的财富，这并不全是金钱，还有他自己的快乐，带给别人的快乐和无数人的赞扬。

业务员往往要比常人面对更多、更复杂的竞争环境，特别是刚开始工作时面对失败更是家常便饭，就看你以何种心态对待，为什么同样是一起做销售的人，有的人能够取得出色的业绩，而有的人却碌碌无为地工作，甚至有一部分人在工作之初就转行了？这就是不同心态在起作用的原因。

20世纪70年代中期，索尼彩电在日本国内已经很有名气了，销量也很可观。但是当索尼彩电进军美国市场时，却并不被顾客所接受，销量之低让所有人都感到震惊，据说，放在美国分区仓库里的索尼彩电早已布满了厚厚的灰尘。

在此之前，索尼公司国际部已经有好几位部长因没能完成任务而离职转行了。不久，索尼公司任命了一位新部长，为了能够打开美国市场，这位新部长绞尽脑汁，终于想出了一条妙计：在美国找到一家"领头牛"的商店——布鲁斯公司来率先销售。

为了尽快见到公司的总经理，这位新部长第二天很早就去求见。但对方连门都没让他进。第三天，他特意选了一个总经理应该比较空闲的时间去求见，但回答却是"外出了"。第三次他又登门，总经理终于被他的诚心和韧劲所感动，接见了他，但拒绝销售索尼的产品，因为这位总经理认为索尼的产品是在降价拍卖，形象太差。于是他回去后立即取消了削价销售的政策。做完这项决定之后，他再次叩响了布鲁斯公司总经理的门。可听到的回答又是索尼公司的售后服务太差，还是无法销售。于是他又去重整公司的售后服务。

虽然屡次遭到拒绝，这位部长却还是一笑了之。不久他又让自己公司的每个员工每天拨五次电话，向布鲁斯公司订购索尼彩电。接二连三的骚扰让布鲁斯公司的员工不胜其烦。终于有一天，他们的总经理同意试销两台索尼电视。不久，其他许多家电器商店都开始对索尼彩电代理销售。这样，在短短的时间内，索尼彩电就迅速占领了美国市场。

美国作家 F·H·曼狄诺曾说："微笑可以带来黄金。"他主张推销员们无论在任何情况下都应该练就"一笑了之"的豁达心态，因为真心的微笑具有巨大的魔力，它是销售成功的助推器。

有时候，即使你的业绩很出色，但也不一定会被认可，所以你一定要有百折不挠的勇气，要放平自己的心态，学会"一笑了之"。

6. 克服恐惧，练就"厚脸皮"

对于业务员而言，接近顾客是非常重要的。有经验的业务高手知道，即便在心里进行了无数次推销的预演，若是不能去实践的话，再精彩的排练也将变得毫无意义。他们认为，想象和理论不是推销的要诀，要想获得成功，必须克服恐惧，以厚脸皮的态度勇敢地去接近顾客。

台湾裕源集团首席执行官谢明达就是这样一位"厚脸皮"的业务

员。三十岁时，他在日本已有八百家超市客户。然而，日本最大的两家百货公司7-Eleven与Jusco，他却始终打不进去。

为了敲开这两张"大嘴"，他每星期固定拜访这两家公司，站在门口递上名片被拒绝，从不间断。他递进去的名片上写着：×年×月×日，谢明达来访。终于，两家公司的负责窗口与他碰面。努力五年后，他将塑料袋卖给当时约有二千八百家店的日本7-Eleven。这个生意大门一开，谢明达的机会开始源源不断地到来。

当初与谢明达接洽塑料袋生意的日本7-Eleven采购经理伊藤先生，有一次来谢明达的工厂拜访，他笑着对谢明达的父亲说："你这个儿子，当年即使我不买他的东西，他也每周来拜访。在日本，像他这样脸皮厚的业务员，我看都没有看过。"

初出茅庐的销售新人，面对客户时，通常会脸红心跳，不知所措。他们可能会说："怎么可能改变别人的想法呢？如果别人拒绝我，我该怎么办？"这种恐惧心态往往使他们在遭遇客户一两次的拒绝之后，就轻易地打了退堂鼓，销售任务自然也不能顺利完成。

如何接近陌生的客户在很大程度上决定着业务员事业的成败。如果想要成功，那么面对陌生人时，脸皮一定要厚，无所畏惧，迎难而上，时间一久，客户自然会缴械投降，那么你还愁自己完不成销售任务吗？

著名业务员马里奥·欧霍文认为，作为一名业务员，不能因为恐惧而丢了生意。

有一次，马里奥·欧霍文打电话给一位客户想约他出来见面，但客户说："对不起，我没时间！"

欧霍文说："我理解！我也老是觉得时间不够用。不过，只要3分钟，您就会相信，这是个对您绝对重要的建议……"

"我现在没空！"客户生气地回应道。

"先生，洛克菲勒说过，每个月花一天时间在钱上好好盘算盘算，要比整整30天都工作来得重要！麻烦您定个日子，选个您方便的时间，我星期一和星期二都会在贵公司附近，可不可以在星期一上午或者星期二下午拜访您？"

"这个……我没兴趣。"客户不好意思地回绝道。

"是，我完全理解，对一个谈不上相信或者手上没有什么资料的事情，您当然不可能立刻产生兴趣，有疑虑或者有问题是十分自然的，让我为您解释一下吧，星期几合适呢？星期一或者星期二过来看您，行吗？"

"好吧！不过我想您可能要白跑一趟，因为我没有钱。"客户语气缓和了很多，不过依然拒绝。

"噢！我了解。要什么有什么的人毕竟不多，正因为如此，我们现在开始选择一种方法用最少的资金创造最大的利润，不是对未来最好的保障吗？在这方面，我愿意贡献一己之力，我星期一还是星期二来造访比较好？"

"那就星期二下午吧。"客户禁不住他的软磨硬泡，只得答应。

当他们见面的时候，欧霍文并没有向他推销产品，而是简要地介绍了一下，让客户明白拥有这种产品的好处。那次谈话非常愉快，后来，欧霍文正式向这位客户推销的时候，几乎没费什么周折就成交了。

英国著名首相丘吉尔曾说过："一个人绝对不可以在遇到危险时背过身去试图逃避。若是这样做，只会使危险加倍。如果立刻面对它，毫不退缩，危险便会减半。绝不要逃避任何事物，绝不！"

作为销售新人，不要再想"初次见面的顾客，对自己冷淡的话，该怎么办"这一类问题了，先大胆地去尝试吧！鼓起勇气去实践一下吧！厚脸皮地站出来吧！

如果你能相信自己，勇敢地迈出第一步，你会发现现实并没有想象中的那么艰难，与你接触的人中，说不定会有很好说话的人。也有可能会碰上与你的朋友认识的人，或者有可能遇上正打算要买你推销的商品的人。你会勇气倍增，更加勇敢地去迎接不同的挑战，从而达到一种"勇气的良性循环"。

为了使销售新人能够更勇敢地面对客户，这里介绍几种方法。如果你在联系业务时，将以下几点牢记心中，并经常运用，久而久之，相信你一定会练就一张"厚脸皮"，顺利闯过"面子关"。

（1）自信

自信是事业成功的基础。世界著名业务员乔·吉拉德经常对自己说："你是世界上最伟大的业务员。"相信自己能战胜一切困难，树立了这种职业自信心与自豪感，你就会敢于面对陌生人了。

（2）忘我

任何人都特别在意别人的看法。但作为销售新人，如果特别在意别人对自己的评价，那么无形中就会产生压力，使自己紧张无措。所以，你不如暂时忘记自己，反过来评价对方。仔细观察对方的表情和言语，找到对方的缺点。这样，你才会由被动变为主动，压力也会顿时消除。

（3）大声说话

销售新人与客户初次会面时，不妨尽量放开声音，大声说话，偶尔幽默一下，这些都会使你紧张的心理马上放松，恐惧心理也就被抛到九霄云外了。

（4）心情放松

销售新人很容易被客户的地位、头衔镇住，心理上就会不自觉地产生恐惧感。其实，你完全可以让他们褪去那些耀眼的光环。想一想他们肯定也有着人性脆弱的一面，同样是人，你何必惧怕他们呢？这样就会让自己紧张的心情轻松下来。

此外，生活中难免会发生一些令人不愉快的事情。但请你千万记住：不愉快的情绪会带给对方不愉快的印象。因此，在和陌生客户会面时，一定要抛除杂念，使自己充满活力，神采飞扬，把自己鲜活的一面展现于人前。

7. 把被拒绝当作下次成功的历练

"被拒绝"是最让业务员头痛的事，或许你尚未开口就被客户拒之千里之外；也或许你在投入大量的时间和精力之后，本以为志在必得，却还是惨遭竞争对手淘汰。

总之，有太多的因素可能造成业务员"被拒绝"的惨剧，可能是因为客户没有需求，可能是因为客户没钱、没时间，也可能是因为业务员自身的行业素质不佳。但是，与其让自己陷入"被拒绝"的低潮，还不如把"被拒绝"当作下次成功的历练，从中吸取经验教训，为下一次的出击做好准备。

　　林萧是一家著名化妆品公司的销售经理。一次，在给公司新员工做培训时，她讲起了自己刚入职时的故事。

　　五年前，她还是职场上的一只菜鸟。刚进入这家化妆品公司时，没有销售经历的她信心满满，面对顾客，总是笑脸相迎，心想这样能给顾客留下好的印象，也就能为自己争取更多的时间来介绍产品。可是事实却并非如此，每次自己的笑脸十有八九会换来冷冷的拒绝。"热脸贴着冷屁股"的感觉让她觉得特别难受，渐渐地她开始对自己的能力产生怀疑，见了人不喜欢说话，即使是工作需要，也表现得唯唯诺诺。

　　有一天，她再次被客户拒绝，这次眼泪涌了上来，一时间，她觉得自己或许并不适合做销售，于是便去向经理辞职。经理耐心地开导她："很多时候别人并不是在拒绝你，而是拒绝你所推销的产品或服务。即使是拒绝你也没有什么，每个业务员都将会无数次地面对这种拒绝，并不是只针对你一个人，所以你完全不用这样怀疑自己。你很可爱，要相信自己，要学会让自己的心变得更强大，要学会应对和适应被拒绝！"

　　经过经理的耐心劝慰，她决定再试一段时间。她研究大量销售前辈的经历，发现这些人在一开始也遇到了和自己一样的情况。不同的是，他们及时调整心理，让自己适应了这种被拒绝的工作，并坚持下去，最终取得了成功。这也就是"适者生存"的道理。

　　后来，再次面对"被拒绝"的时候，她的心开始变得强大。她告诉自己："对业务员来说，被客户拒绝是家常便饭。我应该适应被拒绝，但决不能'放纵'被拒绝。"所以，每次被拒绝后，她考虑的不是自尊心受到了怎样的伤害，而是反省到底是什么原因让自己被拒绝。如果是客观原因，内心便会释然；如果是主观原因，就提高自己在这一方面的不足。经过三个月的努力，她最终成了公司的销售冠军，五年后又顺利地成为部门经理。

推销是从被拒绝开始的，越是一流的业务高手，他们被客户拒绝的次数越多。对此，业务高手们也早已习以为常，因为他们知道即使99个客户都拒绝了你，第100个客户还是有可能会购买你的产品；即使客户有99个拒绝的理由，说不定你还有第100个理由可以让他购买你的产品。

所以，业务员一定要认清事实：被拒绝不是自己的错，也不是客户不对，而是客户还未领会你的一番好意，你需要更进一步打开客户的心门。被客户拒绝后，不妨像历史上第一位一年内销售超过10亿美元保费的寿险大师甘道夫一样，从多个侧面向客户提几个问题，让客户思考，说不准会有意外的收获。即使无功而返，尽了自己最大的努力，也会没有遗憾。

有一次，甘道夫高兴地去拜访一位准客户。可是经过他耐心的讲解之后，这位准客户依然再三推搪，坚决不愿意购买保险，于是甘道夫对客户说：

"在我离开前，我想问你两个问题。"

"可以，你问吧，哪两个问题？"

"第一，你用什么财务方法来达到你现在拥有的保险额度？第二，是谁每年检查你的保险计划，就像检查在本市或其他城市中聪明的汽车代理商或神经外科医生的计划一样？"

准客户听完后，默默地思考着甘道夫提出的两个问题。

为什么甘道夫会问这两个问题呢？他是想让准客户停下来想想："我为什么要买这么多的保险？为什么没有人检查我的保险计划，我是聪明的，不是吗？"

最后，这位准客户下了决心，同意购买一些人寿保险。

乔·吉拉德说过："客户的拒绝并不可怕，可怕的是客户不对你和你的产品发表任何意见，只是把你一个人晾在一边。所以我一向欢迎潜在客户对我的频频刁难。只要他们开口说话，我就会想办法找到成交的机会。"

对销售新人来说，被客户拒绝并不是什么大不了的事，重要的是你怎么去面对。被拒绝了，下次换另一种方式再去拜访。客人可以拒绝你的产品，但无法拒绝你的热情。

做销售其实就像谈恋爱，被拒绝是很正常的事。业务员要想在销售界有所发展，首先得拥有百折不挠的精神，不管遭到客户怎样不客气的拒绝，都必须能保持彬彬有礼，而且毫不气馁，并把拒绝视为正常，心平气和，不急不燥。

对于业务员来说，被客户拒绝并不可怕，可怕的是，在被客户无数次的拒绝之后，你仍然不知道自己错在哪里。有经验的业务高手在面对客户的拒绝之后，总是能够给自己来一次思想上的深刻反省："客户拒绝我，肯定有他的道理。那么，他的道理到底在哪里呢？是因为我的产品本身的问题，我在陈述过程当中表达得不清楚，还是他本身就不需要这种服务……"

所以说，面对客户的拒绝时，不妨仔仔细细地想一想，然后再分析其中的原因，如果可能的话，重新选择一个更为适当的机会，再去与他进行第二次的接触。

8. 常怀一颗"取经心"

对业务员来说，常怀一颗活力四射的"取经心"，不断地努力进取，才能打拼出一片属于自己的天地。

销售工作准入门槛低，更新换代快，如果想在激烈的竞争中免遭淘汰，就必须常怀一颗取经心，永远学习，不断地反思自己的行为，使自己不断地发展进步。

王军和刘峰是大学同学。毕业后，两个人同时进入一家食品公司从事销售工作。结果半年后，两个人的业绩相差很大，这是怎么回事呢？

原本生性木讷的王军勤奋刻苦，由于公司提供了很好的发展平台，所以他总是虚心地向优秀的同事请教，并得到了一些前辈的耐心指导。过了一段时间，王军就签下了几个单子，这更增添了他的信心。

相反，头脑灵活的刘峰自认为能力强，不仅不屑于向王军和其他的同事请教问题，还斤斤计较，处处与人争斗，结果在团队里人缘很差。更令人担忧的是，大家都不肯帮他，所以刘峰越来越孤立，销售业绩也就没有什么起色了。

刘峰，一个缺少取经之心的业务员，无法从竞争对手的身上看见自己的缺点，发现自己的不足，看不见别人的进步，最后落后于人而被淘汰，就是再自然不过的事情。对业务员来说，常怀一颗取经心，将竞争对手当作老师和偶像，是一种气度，也是一种超越技巧。

善于取经，才能愈加卓越。一个业务员从平凡到卓越，需要积极的心态，明确的目标，还有永怀取经心，只有一步一步地往上攀登，才会最终抵达高峰。

日本销售大师原一平之所以能够成功，就是因为他永远保持学习的心态。

据说，他刚到明治保险公司的时候，每天都要制订访问15位客户的计划。这个计划很累人，经常是连喘气的时间都没有，家和妻子自然都照顾不到了。

有时他也会问自己："难道我每天一定要访问15位客户吗？我到底是为了什么？钱吗？"但是为了超越自己的业绩而不断地创造新业绩，面对失败，他只是笑笑，又继续努力。他每天的信念就是必须访问15位客户，若没访问完，就绝不回家。这股不服输的力量在他胸中翻腾，鼓舞着他。

正是对工作的热情和持之以恒的意志，并珍惜每一个向成功者学习的机会，他才有了今天的成功。他说："我这个人虽然'海拔'不高，但是我的成功都是在暴风雨中取得的。我什么都不怕，唯一害怕的就是自己低头折腰。只有永不服输的人才配得上成功的桂冠。如果你不想成功，你就低头认输吧！"

常怀一颗取经心，虚心好学，是业务员必须具备的良好心态，那么我们该怎样取经呢？

（1）向客户、竞争对手取经

作为业务员，要善于反思自己以前的工作，向客户、竞争对手学习，总结经验，吸取教训，及时发现自身的不足，不断地学习。不管你以前的推销工作是成功的还是失败的，你都要认真地加以剖析，从中总结经验教训。因为只有这样，你才能更好地改进以往的不足，更好地做好以后的推销工作。

杰克是一个大型电子制造公司的销售顾问，他认为在推销过程中有必要采取强硬的态度以引起客户的注意，只有这样才能把客户从昏沉中惊醒过来。他对客户说："你们的电子产品已经过时了，如果使用我们的产品，一天就可以节约好几个小时的工作时间。"但客户听了之后却很生气，一些客户反驳说："我就不信你说的那一套。"

杰克不但没有把客户的反驳当成一件坏事，反而把它当作向客户显示自己的机会。于是他就开始解释。但他很快就不得不停下来了。因为客户已经怒容满面，他们怀疑他说的话，或者根本就拒绝同他进行业务洽谈。

一开始，杰克固执地认为自己的推销方法没有错，错的只是这些客户太顽固，听不进业务员的合理建议。但是在经过很多次的失败后，他不得不开始认真地总结以往推销工作的失败教训，改进自己的销售方式。他终于悟出自己的推销方法有问题，因为他发现，他的竞争对手成功地将同样的产品卖给了曾经拒绝过他的客户。

很快，他开始采取提问的方式，去征求客户的意见和看法："如果事实证明，改进你们的电子产品，一周之内可以节省好几个小时的工作，您对此有兴趣么？您想听听有关这方面的详情么？"这样的提问方法促进了业务洽谈的顺利进行，不久，杰克成功地将产品推销出去了。

假如杰克仍旧不总结以往的经验教训，不改进自己的销售方法，那么他的销售业绩永远也不会提高，因为客户永远也不会接受他的销售方式。

（2）建立对竞争对手的"跟踪系统"

"知己知彼，百战不殆。"了解竞争对手，还远远不够，必须深入研究竞争对手，才能及时、动态地把握对手的一举一动，从而采取灵活的应对措施。

（3）保持足够的危机意识

树立危机意识，怀有取经心是学习竞争对手的生存之道。想一想，一个业务员没有危机意识，怎么可能发现竞争对手，又怎么可能主动向竞争对手学习各方面能力呢？

销售工作错综复杂，没有固定的套路可循。因此，我们必须怀有一颗活力四射的"取经心"，时刻准备着学习他人的优点和长处，吸取他人的经验和教训，使自己成长，才能不断改进工作。